KB122327

사람의 행동을 이해하면 돈이 보인다!

일러스트로 바로 이해하는

가장 쉬운 행동경제학

마카베 아키오 지음 | 서희경 옮김

더퀘스천

우리의 '마음'이 경제를 움직인다

오래전부터 일반 독자들도 알기 쉬운 행동경제학 책을 쓰고 싶다고 생각했습니다. 이 책으로 그 바람이 이루어졌습니다. 전문 일러스트레이터의 협력을 얻어, 그림을 보는 것만으로도 행동경제학의 개요를 이해할 수 있는 책이 완성되었습니다.

행동경제학이란 건 들어봤는데 무슨 학문인지 잘 모르는 사람, 혹은 입문서를 읽다가 중도 포기한 사람도 많으리라 생각합니다. 이 책은 읽기만 해도 현재 주목하는 행동경제학의 주요 내용을 이해 할 수 있도록 하는 것을 목적으로 하고 있습니다.

행동경제학은 우리 '마음'을 기반으로, 금융이나 경제 등의 움직임을 이해하려고 하는 경제학의 한 분야입니다. 전통경제학은 인간은 항상 합리적이며, 경제나 금융도 합리적인 인간에 의해 완성된다고 생각해 왔습니다.

하지만 인간은 때론 바보 같은 일을 벌이기도 하며, 반드시 합리적이라고 말할 수 없습니다. 이러한 '본성 그대로의 인간'이 만들고 있는 경제나 금융은 아무래도 인간의 마음에 사로잡혀 이치로부터 떨어져 움직이기도 합니다. 결국, 행동경제학은 지금까지의 전통경제학보다 실제

의 경제나 금융의 모습에 가깝게 바라 보는 것을 목표로 한 학문이라고 말할 수 있습니다. 그런 만큼 행동경제학은 우리 일상생활에서도 쓰임새가 많습니다.

제가 처음 행동경제학을 접했을 때, '이거다!'라고 느낀 감정이 어제 일처럼 생생합니다. 그전까지 저는 전통경제학과 금융공학을 공부했고, 그 지식을 기반으로, 금융시장에서의 딜링(채권이나 환율 매매) 업무에 종사하고 있었습니다.

매일 금융시장에서 일을 하면서, 전통경제학 이론으로는 설명하기 어려운 상황도 접했습니다. 그래서 '실제 금융시장의 변화를 더 깊게 이해할 수 있는 이론은 없을까?'라고 생각하게 되었습니다. 그런 상황에서 행동경제학과 만나게 된 것은 큰 기쁨 그 이상으로 아주 행복한 일이었습니다.

이 책을 통해, 여러분도 '아, 이런 것이구나!'라며 손뼉을 치고 즐거워할 정도의 기쁨을 경험해 보셨으면 좋겠습니다. 많은 분이 행동경제학에 관심을 가지는 계기가 되기를 바랍니다.

마카베 아키오

일러스트로 바로 이해하는

가장 쉬운 **행동경제학**

Chapter 3
행동경제학의 핵심 이론

Chapter 4
거품 현상은 왜 일어날까 ?

Chapter 5
일상생활에 유용한 행동경제학

Chapter 6
영업 전략과 행동경제학

Chapter 7
적용 범위가 넓은 행동경제학

Chapter 8

행동경제학의 전망

chapter

행동경제학이 뭐지?

행동경제학은 20세기 후반에 탄생한
비교적 새로운 분야의 학문입니다.
최근, 행동경제학이 주목받는 이유에 대해
전통경제학과 비교하여 설명해 보겠습니다.

행동경제학은 어떤 학문인가?

행동경제학은 전통경제학과는 달리 인간의 다양한 의사결정 과정을 잘 설명할 수 있습니다.

행동경제학에 따르면 우리는 마음을 기준으로 다양한 생각을 합니다. 행동경제학은 인간의 마음으로부터 의사결정 프로세스나 행동 등을 분석하는 비교적 새로운 분야의 학문으로 개인과 기업뿐만 아니라 국가 경제까지 폭넓은 분야를 분석 대상으로 하고 있습니다. 행동경제학자들은 일반적으로 인간의 경험적 사실을 관찰하고 실험을 통해 증명하고 이론을 정리하고 있습니다.

마음이 경제를 움직인다

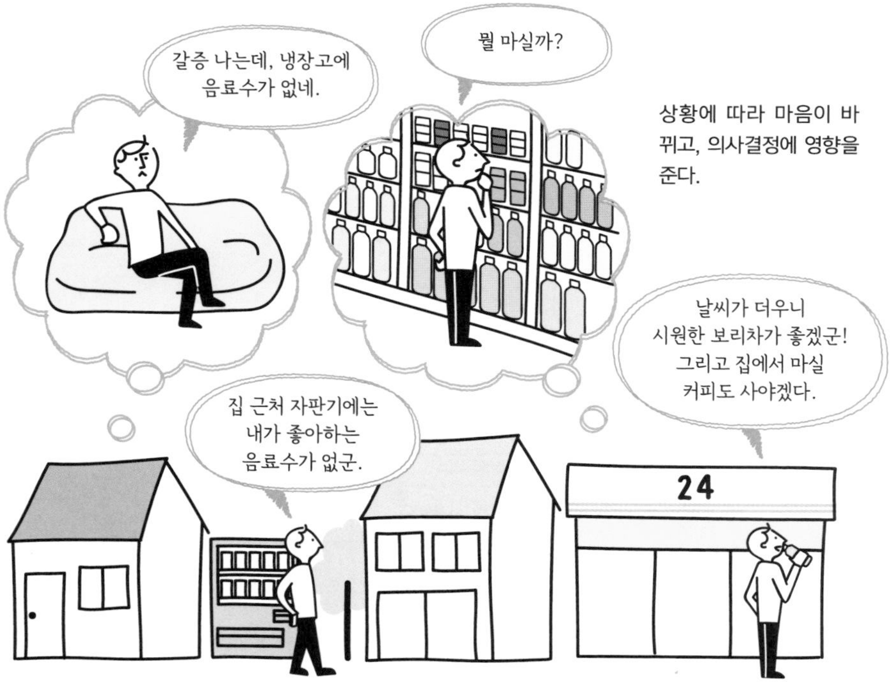

갈증 나는데, 냉장고에
음료수가 없네.

뭘 마실까?

상황에 따라 마음이 바뀌고, 의사결정에 영향을 준다.

날씨가 더우니
시원한 보리차가 좋겠군!
그리고 집에서 마실
커피도 사야겠다.

집 근처 자판기에는
내가 좋아하는
음료수가 없군.

24

먹고 싶은 것을 먹고, 마시고 싶은 것을 마시고, 해야 할 숙제가 있음에도 놀게 되는 등 우리 행동은 마음의 영향을 받습니다. 인간은 로봇처럼 행동이 미리 프로그램되어 있지 않기 때문에 때로는 비합리적인 행동을 하기도 합니다. 행동경제학을 공부하면, 우리의 결정과 생각을 이해하기 쉽고, 객관적으로 정리할 수 있습니다.

때로는 이치에 맞지 않는 행동도……

● 가격을 올렸는데 매출 상승?

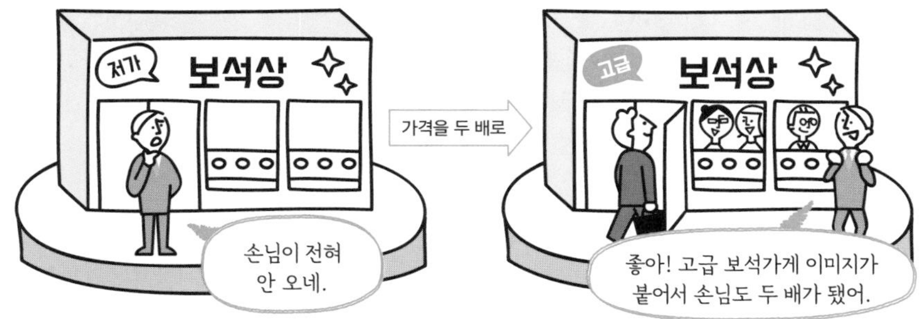

소비자들이 같은 보석을 더 높은 가격에 사는 비합리적인 사례이다. 비싼 보석일수록 가치가 높을 것이라는 믿음이 작용한 것으로 이 현상을 행동경제학에서는 프레이밍 효과(framing effect)라고 한다.

● 할인율은 같은데…

단순히 10% 할인 판매라고 하면 할인에 익숙해져 있는 소비자로서는 감흥이 떨어진다. 반면, 세금이 비싸다고 생각하는 소비자의 마음이 면세 판매에 대한 관심으로 연결된다.

'행동'이란 무엇을 의미할까?

전통경제학으로는 설명할 수 없는 인간의 경제 행위들도 심리학 이론을 적용하면 설명이 가능해질 수 있습니다.

행동경제학은 **심리학**(마음과 행동을 과학적으로 해명하려고 하는 학문) 이론을 응용하여 경제에 관한 사람들의 의사결정을 분석합니다. 마음은 가슴에 가깝다고 생각하기 쉽지만, 따지고 보면 심리는 뇌의 활동입니다. 어떤 '행동'을 취할 때 그 배경에는 반드시 감정, 생각, 애착 등 다양한 마음이 존재하고, 우리는 만족을 높이거나 불안을 낮추기 위해 생각하고 판단을 내리며 실행으로 연결합니다.

심리는 뇌의 작용

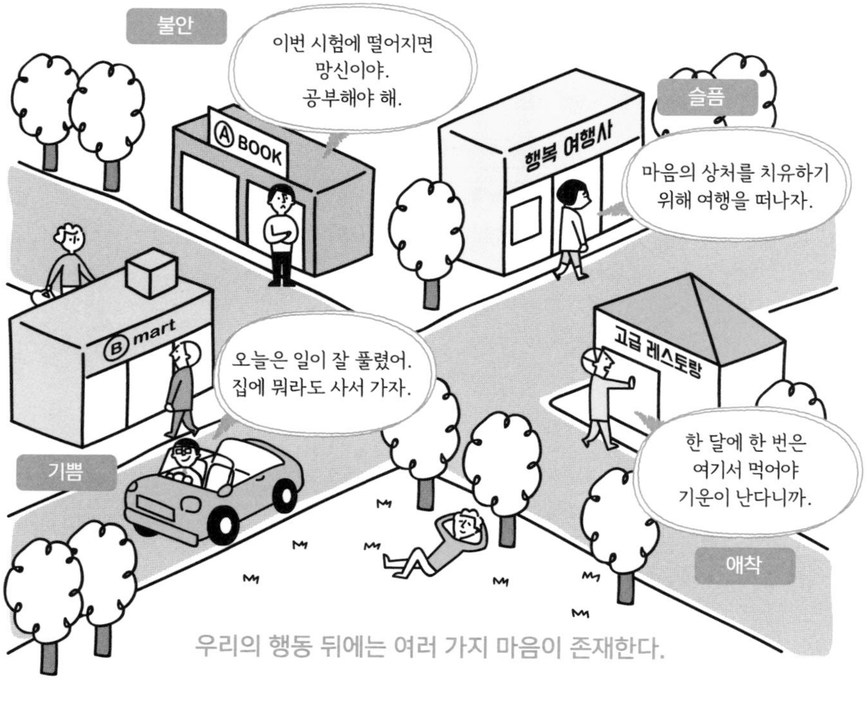

불안
이번 시험에 떨어지면 망신이야. 공부해야 해.
Ⓐ BOOK
행복 여행사
슬픔
마음의 상처를 치유하기 위해 여행을 떠나자.
Ⓑ mart
오늘은 일이 잘 풀렸어. 집에 뭐라도 사서 가자.
기쁨
고급 레스토랑
한 달에 한 번은 여기서 먹어야 기운이 난다니까.
애착

우리의 행동 뒤에는 여러 가지 마음이 존재한다.

심리학은 우리가 의사결정을 하는데 매우 도움이 됩니다. 우리를 둘러싼 것을 보고 그것이 무엇인지 해석하는 것을 '인식한다'라고 합니다. 그리고 사물을 인식하는 프로세스가 어떻게 되어 있는지 객관적으로 분석하는 심리학을 인지심리학이라고 합니다. 이런 심리학의 이론을 활용하여 우리가 물건을 사고, 투자를 하는 마음을 이해할 수 있게 됩니다.

마음이란?

인간의 인지는 때때로 착각을 수반한다

좌측 《루빈의 잔》 그림에서 흰 부분만 보면 꽃병이나 술잔 모양이지만 검은 부분을 보면 마주 보고 있는 옆모습이 보인다. 우측의 두 직선은 실제로 둘 다 같은 길이지만 다르게 보인다. 이처럼 인간의 마음은 때론 착각을 수반한다. 행동경제학은 마음의 기능을 기초로 이론이 구축되어 왔다.

행동경제학은 왜 주목을 받을까?

행동경제학이 전통경제학과 가장 크게 다른 점은 우리의 의사결정 과정을 잘 설명할 수 있다는 것입니다.

행동경제학이 주목받는 이유는 심리학을 활용하여 우리의 의사결정 프로세스를 잘 설명할 수 있기 때문입니다. 전통경제학보다 현실성 있는 설명을 할 수 있기 때문에 세계적으로 행동경제학의 수요가 높아지고 있습니다. 특히 1주일이나 1개월처럼 짧은 기간에 일어난 경제 변화를 설명할 때 행동경제학이 위력을 발휘합니다.

심리학의 유용성

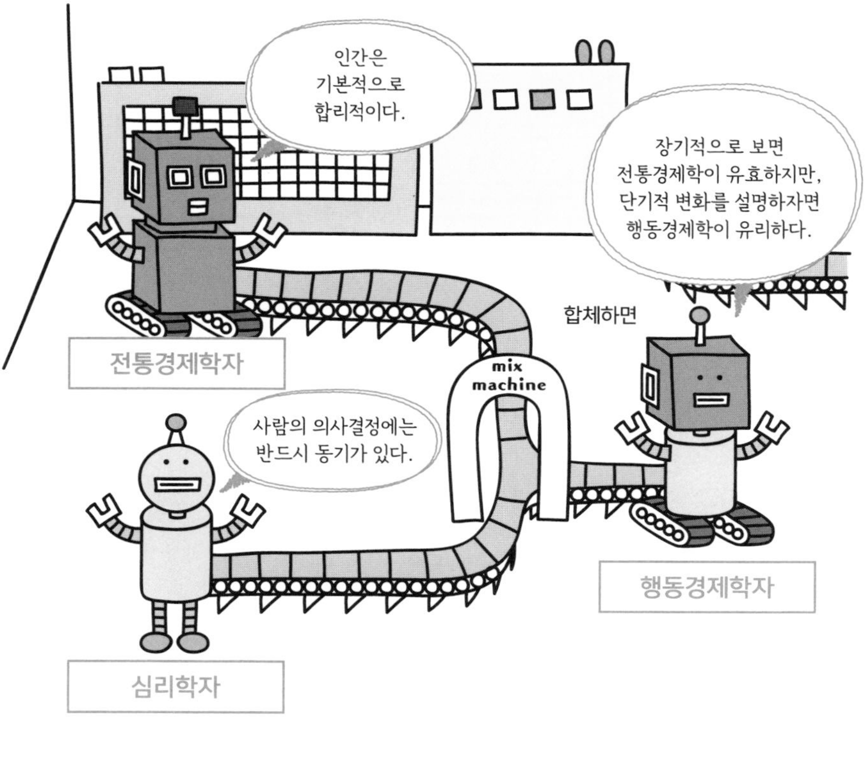

인간은 기본적으로 합리적이다.

전통경제학자

사람의 의사결정에는 반드시 동기가 있다.

심리학자

mix machine

합체하면

장기적으로 보면 전통경제학이 유효하지만, 단기적 변화를 설명하자면 행동경제학이 유리하다.

행동경제학자

최근 행동경제학 이론을 기반으로 경제 활동에 관한 다양한 현상을 분석하고, 해석하려는 시도가 증가하고 있습니다. 대상이 되는 분야는 주식 및 외환 시장 동향을 비롯해 개인의 소비, 기업의 프로젝트 및 재정 운영, 국가나 세계 금융시장에서 발생한 경제 위기 상황(2008년 9월 15일 리먼 쇼크 등)에 대한 원인 규명 등입니다.

주가를 움직이는 시장심리란?

● 많은 사람이 주가가 오른다고 생각하면 올라간다

금융시장은 전원 참여 주민 투표

금융시장에서는 날마다 전원 참여 주민 투표가 시행되고 있다. 이론상 100명 중 51명 이상이 '오른다!!'라고 하면 주가는 오른다. 반대로 100명 중 51명 이상이 '경기가 나빠져서 주가가 내린다'라고 하면 주가는 내려간다.

전통경제학과 뭐가 다를까?

사람의 마음을 중시하지 않았던 전통경제학과는 달리
행동경제학은 본성 그대로의 인간을 연구 대상으로 하고 있습니다.

전통경제학과 행동경제학의 차이는 우리 인간을 파악하는 방법에 있습니다. 행동경제학에서는 기쁨이나 불안 같은 감정의 영향을 받는 우리를 있는 그대로 받아들이려고 노력해 왔습니다. 다시 말해 **본성 그대로의 인간**이 연구 대상입니다. 반면, 전통경제학은 우리의 마음을 중시하지 않았고, 오히려 경제학자들 본인의 연구에 편리한 전제 조건을 두어 왔습니다. 전통경제학에서는 우리가 감정이 없고 비이성적인 행위를 하지 않으며 항상 합리적으로 행동한다고 전제해 왔습니다.

전통경제학

전통경제학에서는 인간이 항상 자기 이익을 위해 합리적으로 행동한다고 전제한다.

자가용을 이용하면 교통체증에 걸리니 버스로 오는 것이 정답.

합리산 파크

welcome 현상 유지마을

비합리바다

바다에 가면 상어가 있어서 위험해.

예외숲

안전, 비용, 시설 등 모든 면에서 봤을 때 합리산 랜드에서 휴일을 보내는 것이 가장 합리적인 선택입니다.

※이 책에서 '경제학'이라고 명시한 경우는 전통경제학을 의미합니다.

합리적이라는 것은 헛됨이 없다는 것입니다. 내일 학교 시험이 있다고 가정해 볼까요? 시험을 위해서는 공부하는 것이 합리적입니다만 친한 친구들이 노래방에 가자고 하면 거절하기가 쉽지 않습니다. 그게 사람 사이의 따뜻한 마음이겠지요. 하지만, 전통경제학에서는 인간이 합리적이라고 전제하고 사람들의 행동을 설명해왔으며 사람 사이의 인정은 고려하지 않았습니다.

행동경제학

행동경제학이 전제로 하는 인간은 각자의 가치관대로 행동하고 때로는 비합리적인 의사결정도 하는 본성 그대로의 우리이다.

one point

의사결정이 항상 합리적일 수는 없다

행동경제학은 인간의 비합리성을 이론적으로 해명함으로써 경제활동에서의 의사결정을 설명한다.

행동경제학 이론을 구축한 학자들

20세기에 탄생한 행동경제학은 심리학 이론을 바탕으로 발전하였습니다.

행동경제학은 언제부터 주목받아 왔을까요? 1979년 행동경제학의 대부라고 할 수 있는 교수의 논문 한 편이 발표되었습니다. 그것이 대니얼 카너먼(Daniel Kahneman)과 아모스 트버스키(Amos Tversky)가 저술한 《전망 이론(Prospect theory): 위험을 수반하는 환경에서의 의사결정 분석》입니다. 이 논문은 심리학 지식을 토대로 경제 관련 우리 행동을 분석하여 행동경제학 발전에 크게 기여했습니다.

대니얼 카너먼과 아모스 트버스키

대니얼 카너먼
Daniel Kahneman (1934~)

이스라엘 국적의 심리학자이자 경제학자. 프린스턴 대학교 명예교수. 아모스 트버스키와 공동으로 연구한 전망 이론으로 2002년 노벨 경제학상 수상.

아모스 트버스키
Amos Tversky (1937~1996)

이스라엘 국적의 심리학자이자 경제학자. 1971년에 스탠포드 대학교 교수로 부임. 대니얼 카너먼과 함께 전망 이론을 제창.

전망(prospect)은 기대, 예상 등을 의미합니다. 전망 이론을 간단하게 말하자면, '우리는 가능한 한 빨리 이익을 확정하고 싶어하지만, 손실은 미루고 싶어하는 경향이 있다'는 것입니다. 마음이 항상 합리적일 수는 없습니다. 일상생활을 돌이켜보면 '확실히, 그런 경우가 많다'고 고개를 끄덕이게 되는 내용일 것입니다.

전망 이론이란?

전망 이론은 아래의 가치 함수 그래프로 표현된다.

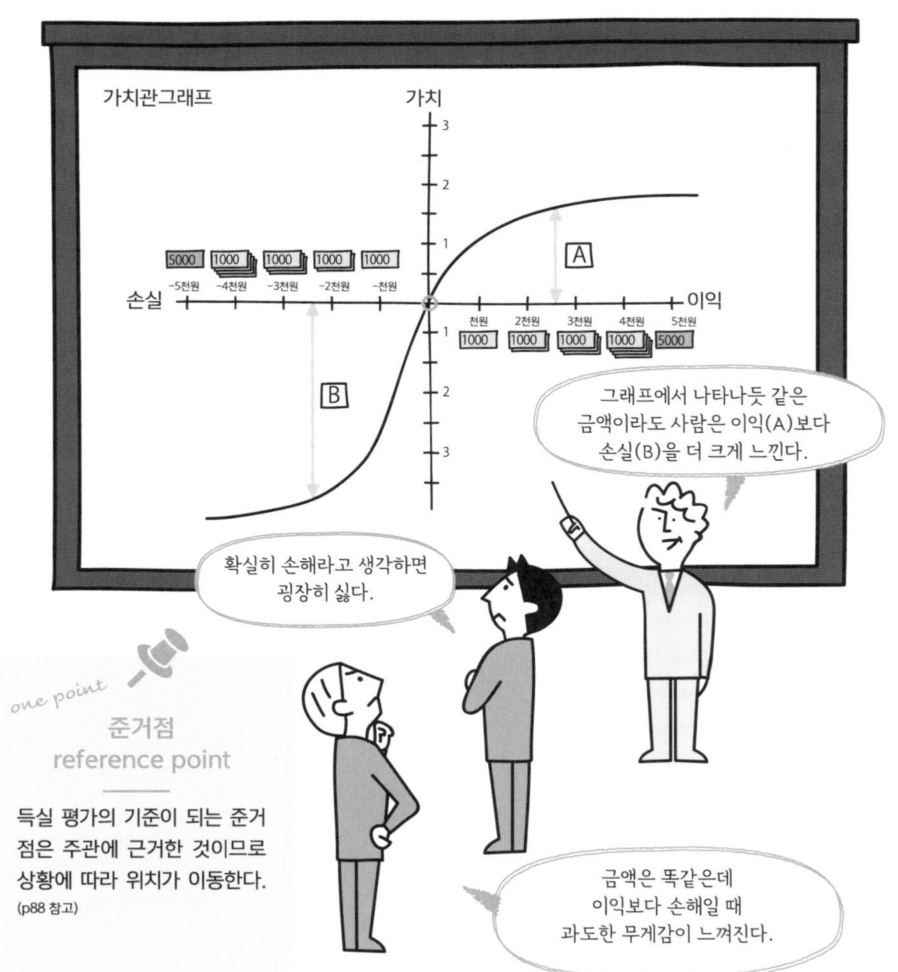

one point

준거점
reference point

득실 평가의 기준이 되는 준거점은 주관에 근거한 것이므로 상황에 따라 위치가 이동한다.
(p88 참고)

노벨 경제학상을 수상하다

21세기에 들어 2002년 대니얼 카너먼을 필두로 3명의 행동경제학 연구자가 노벨 경제학상을 수상했습니다.

2002년 전망 이론을 창시한 대니얼 카너먼이 행동경제학 연구자로서는 최초로 노벨 경제학상을 수상했습니다. 수상 이유는 '심리에 관한 연구로부터 얻은 생각을 경제학 분야에 연결한 공적' 때문이었습니다. 특히, 불확실한 상황에서 사람들의 판단과 의사결정을 분석한 공적이 인정되었습니다. 하지만 안타깝게도 아모스 트버스키는 1996년에 사망하여 2002년 노벨 경제학상을 수상하지 못했습니다.

노벨 경제학상 수상자

2002년

대니얼 카너먼

(p18참조)

2013년

로버트 실러(Robert J. Shiller)

(1946~)

미국 경제학자. 예일 대학교 교수. 자신의 저서에서 서브프라임 모기지 사태와 그에 따른 금융 위기를 예견한 것으로 유명하다. 2013년 노벨 경제학상 수상.

2017년

리처드 세일러(Richard H. Thaler)

(1945~)

미국 경제학자. 시카고 대학교 교수. 행동경제학의 지도적 연구자 중 한 명으로 <넛지> 이론 연구. 2017년 노벨 경제학상 수상.

그 뒤 2013년에는 예일 대학의 로버트 실러 교수가 주식 등을 거래하는 금융 시장은 기존에 가정된 것과 다르게 합리적이지 않음을 밝혀내 노벨 경제학상을 수상했습니다. 2017년에는 시카고 대학의 리처드 세일러 교수가 이후에 소개할 〈넛지(nudge)〉 이론을 필두로 행동경제학을 체계화하고, 학문적으로 확립한 공로를 인정받아 노벨 경제학상을 수상했습니다.

넛지 이론이란?

넛지는 팔꿈치로 슬쩍 찌른다는 뜻으로 직접 눈치채지 못하게 하면서, 특정인이나 사람들을 합리적이라고 생각되는 바람직한 방향으로 유도하는 행위를 말한다.

강요당하면 사람은 반발한다.

강제하지 않고 자유를 인정하면서 유도하면 효과가 높아진다.

화제가 된 이 뉴스도 강제보다 유도가 효과가 높다는 사례죠.

세일러 교수

DJ 폴리스

2013년 6월 일본 축구 대표팀의 브라질 월드컵 본선 진출이 결정된 날 밤, 흥분한 젊은이들이 시부야 스크램블 교차로에 몰려들었다. 강제 해산을 강행했다면 자칫 사고로 이어질 수도 있는 상황에서 한 경찰관이 기지를 발휘해 경쾌하고 재치 있는 화법으로 혼란을 가라앉히고 질서를 지키게 해 DJ 폴리스란 별명을 얻었다. 강제당하지 않으면 반발하지 않는다는 심리를 증명한 좋은 예이다.

전통경제학자도 행동경제학을 연구하고 있다

세 번의 노벨 경제학상 수상으로 알 수 있다시피 행동경제학은 국내외에서 점점 더 주목을 받고 있습니다.

최근 행동경제학을 연구하는 경제전문가들이 늘고 있습니다. 혹은 애초에 행동경제학을 먼저 배워서 새로운 성과를 내고 싶어 하는 젊은 연구원들도 많이 보입니다. 전통경제학을 배웠기 때문에 인간은 합리적인 존재라고 생각해 왔지만 다양한 의사결정 상황에 대한 설명의 벽에 막혀 행동경제학으로 전환하는 사람들도 있습니다. 이런 시류를 반영하여 경제학부의 커리큘럼에 행동경제학을 도입하는 대학들도 늘어나는 추세입니다.

더욱 주목받는 행동경제학

전통경제학을 중시하는 연구자는 여전히 많다.

……그러나 최근에는 처음부터 행동경제학을 배우는 사람도 증가하고 있다.

일본은 2004년 행동경제학 연구 촉진을 목표로 행동경제학 워크숍을 개최하였고, 2007년에는 행동경제학회를 설립하여 로버트 실러 교수 등 해외 전문가들을 초빙하는 등 활발한 연구 발표와 토론을 진행하고 있습니다. 행동경제학에 대한 수요가 높아지는 것은 일시적인 현상이 아니라, 이 이론이 우리 의사결정을 더 잘 설명할 수 있기 때문이며, 행동경제학을 연구하는 전문가는 계속 늘어날 전망입니다.

정책에 활용되는 행동경제학

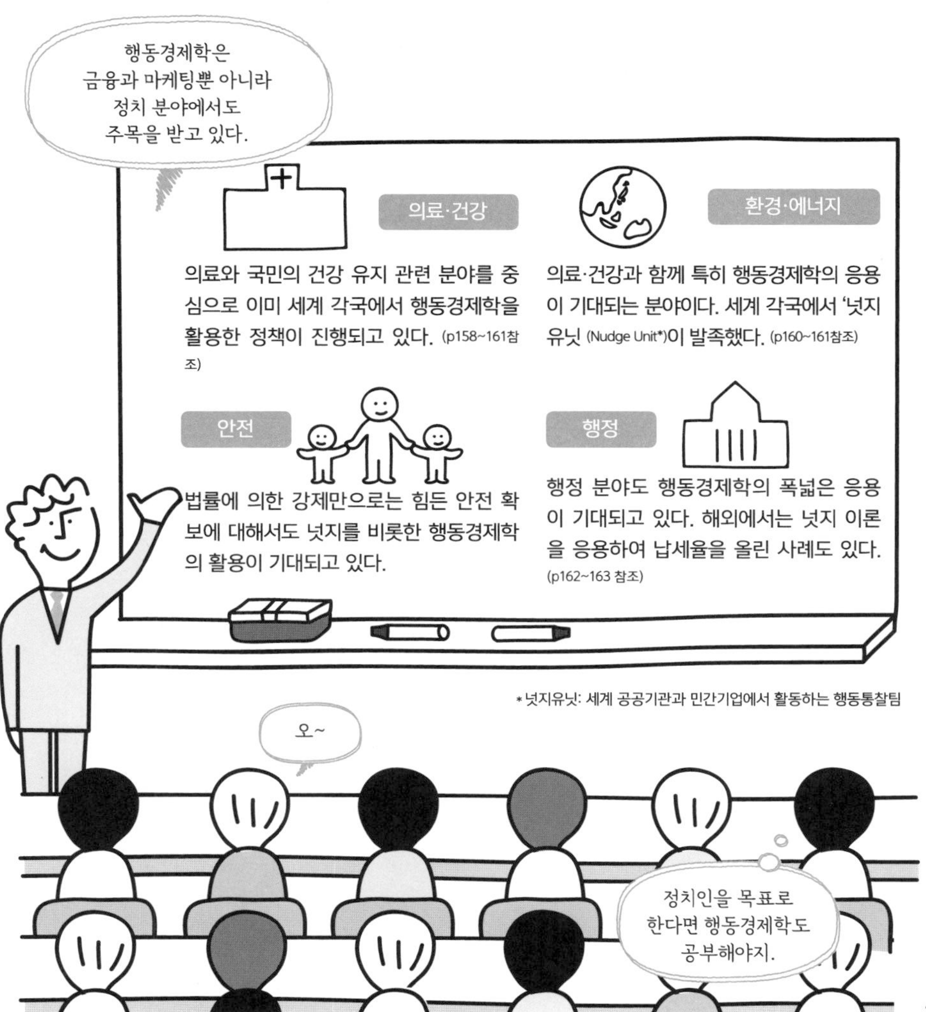

행동경제학은 어떤 역할을 하는가?

마음의 변화는 무의식중에 일어날 수도 있습니다.
그것을 이론화해 나가는 것이 행동경제학의 역할입니다.

행동경제학은 심리학 이론을 기반으로 하고 있어서 우리의 심리나 감정이 판단에 어떻게 영향을 주고 어떤 행동으로 이어지는지, 사회의 움직임이나 변화가 어떤 방향으로 흘러가는지 생각하는 데 유용합니다. 우리의 기분은 항상 일정하지 않고 주위 사람의 행동이나 날씨, 컨디션 등에 따라 계속 변하기 때문에 행동경제학은 짧은 시간 안에 발생한 우리의 행동이나 경제의 변화를 이해하는 데 도움이 됩니다.

경제를 움직이는 우리의 정서

다른 감정이, 비슷한 행동으로 이어지는 경우도……

'마음=기분'의 변화는 우리가 반드시 의식해야 일어나는 것이 아닙니다. 때로는 주의를 기울여도 마음이 마음대로(무의식중에) 액션을 일으키는 경우도 있습니다. 예를 들어, 음악을 듣다 보면 의식하지 못하는 사이에 몸이 리듬에 맞춰 움직이기도 합니다. 그런 일이 경제 활동에서도 발생합니다. 이렇게 단기간에 일어난 경제 변화를 설명할 수 있다는 것이 행동경제학의 주요 강점이기도 합니다.

상황이나 환경도 경제를 움직인다

실제로 맑은 날은 주가가 상승세이고 흐린 날은 저조할 수 있다고 한다.

행동경제학은 어떤 상황에 도움이 될까?

경제에 관한 모든 것을 대상으로 하는 행동경제학은 다양한 비즈니스 상황에 도움이 됩니다.

최근 다양한 비즈니스 현장에서 사람의 마음에 관한 지식을 이용해 사람들에게 이전보다 큰 만족을 제공하고 매출을 높이겠다는 생각이 늘어나고 있습니다. 구체적인 분야로는 마케팅, 새로운 상품 기획과 디자인, 주식과 외환 등의 금융 시장 연구와 매매 등 행동경제학의 응용의 범위는 다방면에 걸쳐 확대되고 있습니다.

팽창하는 행동경제학의 응용 범위

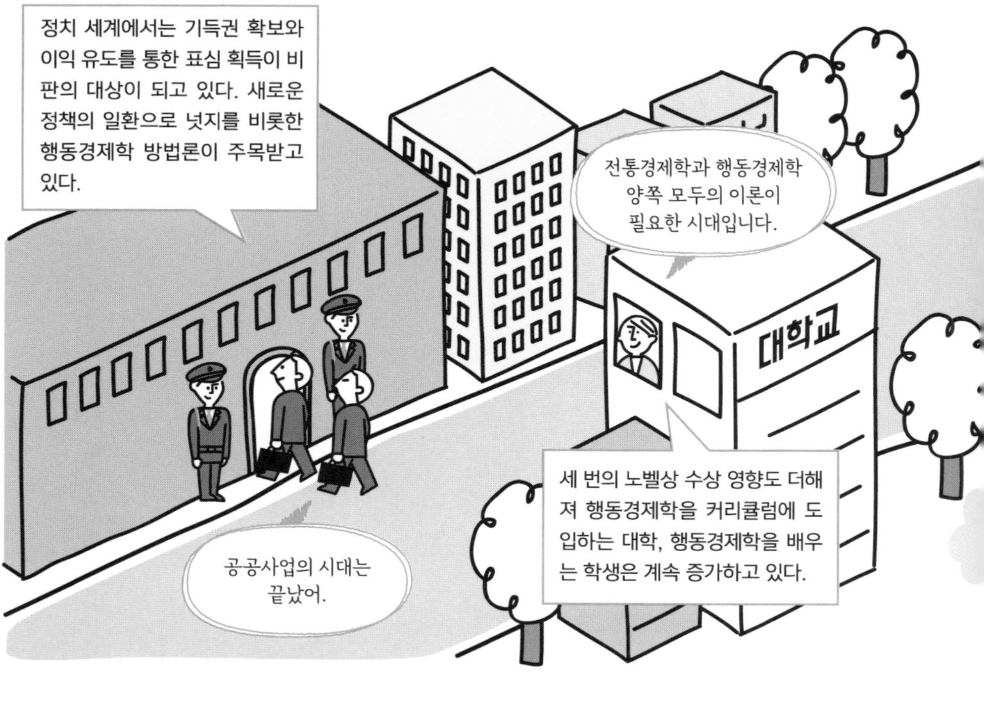

정치 세계에서는 기득권 확보와 이익 유도를 통한 표심 획득이 비판의 대상이 되고 있다. 새로운 정책의 일환으로 넛지를 비롯한 행동경제학 방법론이 주목받고 있다.

전통경제학과 행동경제학 양쪽 모두의 이론이 필요한 시대입니다.

대학교

세 번의 노벨상 수상 영향도 더해져 행동경제학을 커리큘럼에 도입하는 대학, 행동경제학을 배우는 학생은 계속 증가하고 있다.

공공사업의 시대는 끝났어.

행동경제학의 분석 대상이 정해져 있는 것은 아닙니다. 경제에 대한 우리의 판단과 행동 모두 연구 대상으로 다룰 수 있습니다. 이론을 어떻게 사용할지는 조사하는 사람의 생각에 달려 있다고도 할 수 있습니다. 마케팅이나 금융 분야에서는 사람의 행동 데이터를 분석하고 특정 패턴을 찾아내 업무에 활용하기도 합니다. 중요한 것은 조사한 내용이 많은 사람에게 받아들여지느냐의 여부입니다.

전통경제학은 쓸모가 없나?

이 복잡한 시대에 전통경제학의 한계를 느끼는 사람이 많은 것은 사실이지만, 그 이론적인 축적은 향후에 충분한 도움이 됩니다.

지금까지의 설명을 읽으면서 '그럼, 전통경제학은 도움이 안 되는 학문이야?'라는 의문이 생기는 사람도 있을 것입니다. 답변하자면 전통경제학도 도움이 되는 학문입니다. 긴 안목으로 우리의 일상생활, 인생, 사회 변화와 행동의 합리성 등을 떠올려 보십시오. 때로는 이상하기도 하지만 길게 보면 그렇지 않습니다. 우리가 시간이 지나고 어른이 되면서 분별이 생기고 합리적인 판단을 내릴 수 있게 된 것과 같습니다.

전통경제학 및 행동경제학

단기적으로 보면 우리는 이성적이지 못한 일을 저지를 수도 있다. 눈앞의 유혹에 사로잡힌 나머지 학습 효과가 작용되기 어려운 것이다. 그러나 장기적으로 보면 서서히 학습 효과가 작용해 합리적으로 행동하는 경우가 늘어난다.

사회인이 된 지 얼마 안 된 젊은이는 다음 날에 일이 있어도 신경쓰지 않고 일주일에 몇 번이나 술자리를 가지는 등, 무리하는 경우가 있다.

신입 시절에는 직장이나 사생활에서 실수도 잦고 상사에게 혼나기도 한다. 다소 방종한 생활을 하고 있어도 체력이 있는 동안은 깊이 반성하기 어렵다.

젊었을 때는 감정대로 생활하는 사람이나 이직을 반복하는 사람도 많다. 또한, 이치에 맞지 않는 의사결정을 하는 일도 적지 않다. 단기적인 변화를 설명하는 데는 행동경제학 이론이 위력을 발휘한다.

'충동적'이라는 말처럼 우리는 때때로 감정에 영향을 받아 판단을 내리고, 이는 단기적 경제 변화로 이어집니다. 금융시장에서는 날마다 그러한 움직임이 주가 등에 영향을 줍니다. 그러나 시간이 지나면 우리는 냉정을 되찾고 합리적으로 행동하게 됩니다. 전통경제학은 합리적인 인간을 전제로 장기적 경제 변화를 파악해 왔습니다. 단기적 변화는 행동경제학, 장기적 움직임은 전통경제학을 활용하는 것이 좋습니다.

No. 01

행동경제학을 어떻게 공부하면 좋을까?

행동경제학을 공부하려면 꼭 이 책을 꼼꼼히 반복해서 읽어 보세요. 다음 장부터는 다양한 현상 연구와 구체적인 사례를 통해 우리의 마음(감정, 애착 등)이 판단이나 의사결정에 어떠한 영향을 주는지 함께 생각해 볼 것입니다. 예를 들어, 경기가 좋아지면 값비싼 물건이 팔리는 등 우리의 심리 상태가 그때그때 경제에 무시할 수 없는 영향을 주고 있습니다. 실제로 많은 경제학자가 친근한 의문과 호기심을 바탕으로 행동경제학의 이론을 정리해 왔습니다. 이 책을 한 번 읽고 난 후, 행동경제학에 근거해 자신의 행동과 사회의 움직임을 생각해 보십시오. 행동경제학의 설명력이 높다는 점을 더욱 깊이 이해하기 위해서는 전통경제학도 확실히 공부하셨으면 합니다. 그것을 바탕으로 실제로 사회에서 일어나고 있는 움직임을 관찰하고 다양한 각도에서 사고한다면 세상을 바라보는 안목이 좀 더 풍부해질 것입니다.

chapter

전통경제학의 반성

전통경제학은 인간이 항상 합리적이라고 전제해 왔습니다. 하지만 그 전제만으로 복잡한 경제 현상을 모두 설명할 수는 없습니다.

우리가 항상 '합리적'인 것은 아니다

전통경제학에서는 우리가 스스로의 이익을 위해 행동하는 합리적 인간이라고 전제합니다. 그러나 늘 그렇지는 않습니다.

제2장에서는 전통경제학이 우리 인간상을 어떻게 정의했는지를 확인합니다. 전통경제학에서는 우리가 감정에 휩쓸리지 않고 자신의 이익을 위해서 행동하는 합리적인 인간이라고 전제해 왔습니다. 탐정 만화나 영화에 종종 등장하는 감정 표현이 없고 무미건조하며 외적 동기에 영향을 받지 않는 사람을 상상하면 좋을 것 같습니다. 그것이 바로 호모 에코노미쿠스(homo economicus)(합리적 경제인)입니다.

호모 에코노미쿠스란?

우리가 슈퍼맨도 아니고 아래처럼 어떠한 상황에서든 항상 합리적일 수는 없다.

날마다 우리는 '이상한 일'을 하곤 합니다. 때때로 합리적이라고 할 수 없는 이상한 행동을 하는 것이 인간입니다. 하지만 한 사람 한 사람의 취향이나 습관, 감정 등을 모두 취합하여 공통점을 찾고 경제에 관한 법칙을 정의하는 것은 어렵기 마련입니다. 그러나 전통경제학에서는 우리 모두가 호모 에코노미쿠스라고 전제했습니다.

인간은 항상 합리적이진 않다

● 우리가 호모 에코노미쿠스였다면……

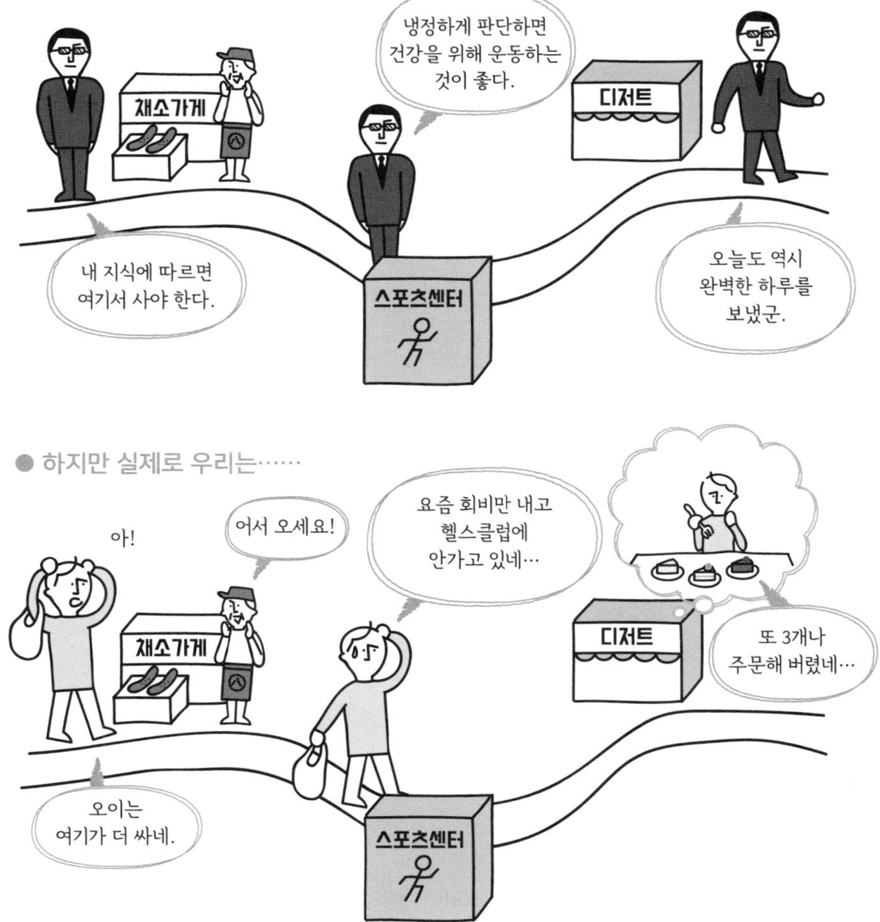

우리 행동의 본성을 설명하다

우리는 때론 합리적이기도 하고 비합리적이기도 합니다.
그것이 현실이고 행동경제학이라는 학문의 출발점입니다.

인간을 호모 에코노미쿠스=합리적 경제인이라고 전제하면, 많은 상황에 해당하는 이론을 만들기 쉬워집니다. 장기적으로 보면 우리는 나름대로 합리적이기 때문에 이 전제가 이상하다고 할 수는 없습니다. 다만, 전통경제학의 전제에 따르면 우리가 감각이나 직감에 의존하고 있는 부분을 설명하기 어렵습니다. 그것이 '경제학은 잘 모르겠다, 어렵다'라고 느끼는 원인 중 하나일 것입니다.

전통경제학자 딜레마

전통경제학이 전제하는 합리적 경제인은
현실의 우리 모습이 아니다.

이러한 반성으로부터 전통경제학 이론을 보다 현실에 가깝게 만들기 위한 노력이 진행되고 있으며, 이는 행동경제학 이론의 발전으로 이어지고 있습니다. 인간 행동의 본성 그 자체를 해석한다 함은 우리 감각에 맞는 이론을 지향한다는 의미입니다. 행동경제학을 이용해 일상에서 발생하는 의사결정들을 검토한다면 판단을 내린 이유의 본질을 파악하고, 사고하고, 이해할 수 있을 것입니다.

전통경제학의 반성이 행동경제학으로 이어진다

인간의 진정한 본성을 해석하기 위해 행동경제학은
우리의 마음을 파고들었다.

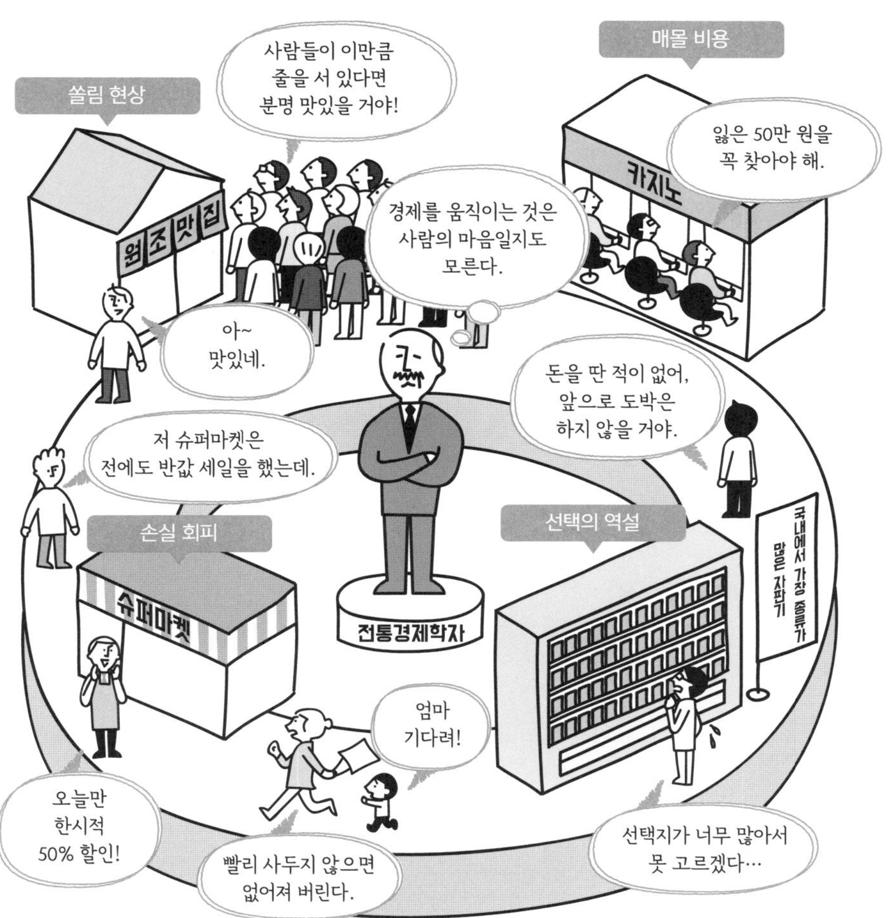

인간은 항상 당연한 행동만 하지는 않는다

인간은 유혹에 약한 생물입니다.
그래서 우리는 종종 비합리적인 행동을 합니다.

짧은 시간 안에 일어난 우리의 판단이나 행동을 돌이켜보면 항상 합리적이었다고 말할 수는 없습니다. 학창시절, 누구나 수업에 집중하지 못하고 졸거나, 딴생각을 해 본 경험이 있을 것입니다. 만약 전통경제학의 전제처럼 학생이 항상 합리적이라면 수업을 계획적이고 체계적으로 활용하여 실력 향상이라는 목적을 달성하기 위해 최선을 다 할 것입니다. 물론 장기적으로는 학습 효과가 작용해서 비합리적인 행동들이 점차 수정될 수 있습니다.

인간은 비합리적인 행동도 한다

인간은 욕구가 있고 비합리적인 면이 있기에, 알면서도 유혹에 빠지고 만다.

'안 했으면 좋았을걸'이라고 후회하고 마는 일이 종종 있습니다. 나중에 후회할 것을 알면서도 유혹에 빠집니다. 마음은 약합니다. 어떤 경우는 유혹을 끊은 것도 후회로 남습니다. 눈앞의 만족을 추구하고, 후회하는 것은 우리의 본성이라고도 할 수 있습니다. 생각해보면 밤을 새워가며 게임을 하고 술을 마시고 유흥을 즐기는 등 인간은 비합리적인 행동을 하기도 합니다.

인간은 눈앞의 만족을 쫓는 경향이 있다

생각에 차이가 있기 때문에 행동이 다르다

우리는 각자 다른 생각과 가치관 그리고 욕망을 가지고 있으며
그 마음 하나하나가 모여 경제를 움직이고 있습니다.

세상을 둘러보면 다양한 생각을 가진 사람들이 자신의 만족을 채우기 위해 일하고, 물건을 거래하고 있습니다. 저는 게임을 하지 않지만 게임을 좋아하는 사람은 많습니다. 그래서 게임기나 게임 앱 등이 인기를 끌기도 합니다. 이 현상에는 '많은 사람이 원하는 것을 제공하면 이익이 생긴다'라는 실로 중요한 합의가 포함되어 있습니다.

사람마다 원하는 물건도 가지가지

난 보르도
와인만 마시지.

사람의 기호는 다양하기 때문에
원하는 물건도 제각각 다르다.

생일선물이란다.

와~
게임기다!

한정판 우표를
드디어 입수!

나는 부와 건강이
있으면 충분하다.

전통경제학이 전제한 세계에서는 모든 사람이 정보를 균등하게 가지며 각 개인이 가진 정보의 양과 질에는 편차가 없고, 모든 정보가 주가나 물건값에 반영됩니다. 하지만 그러면 현실적으로는 거래가 성사되지 않을 것입니다. 개개인이 가진 생각이 다르기 때문에 거래가 행해지고, 가치가 발견되어 경제가 활성화합니다. 인간의 '가지고 싶다', '부럽다', '돈을 벌고 싶다'라는 마음이 경제를 움직입니다.

전통경제학이 가정하는 세계

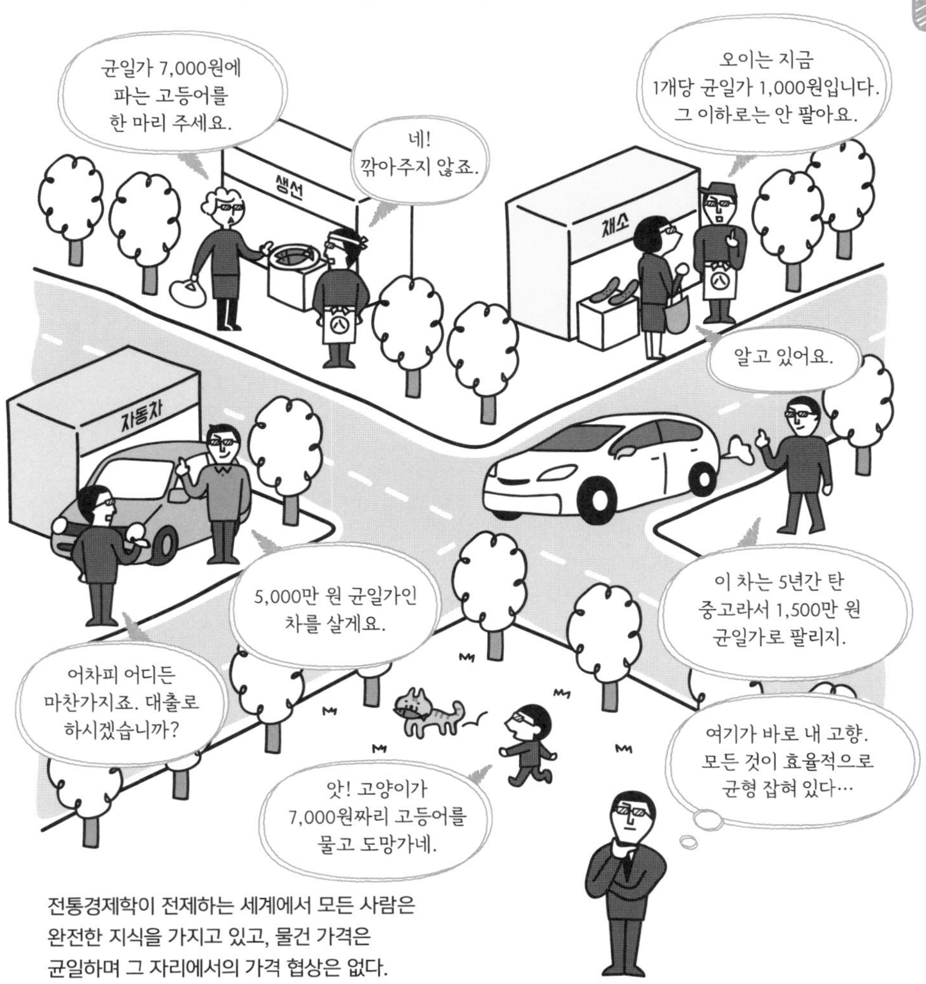

전통경제학이 전제하는 세계에서 모든 사람은 완전한 지식을 가지고 있고, 물건 가격은 균일하며 그 자리에서의 가격 협상은 없다.

전통경제학에 의문을 품기 시작한 사람들

전통경제학은 논리적이지 않은 것들에 대한 설명을 포기해왔습니다.
그에 대한 반성이 현재 행동경제학에 활용되고 있습니다.

전통경제학에서는 시장은 효율적이며, 한 회사에 영향을 주는 모든 정보가 빠짐없이 주가에 반영되고, 주가와 모든 개별적인 상품은 하나의 고정적인 가격을 가지는 일물일가의 법칙(law of one price)이 존재합니다. 하지만 실제 우리 현실에서는 주가가 크게 요동치기도 하고, 세계 주요 도시 증권거래소 간의 주가가 다를 수도 있습니다. 금융시장이 항상 효율적인 것은 아닙니다.

일물일가의 법칙이란?

생산자와 소비자가 시장의 가격 결정에 아무런 영향을 미치지 않는 완전경쟁이 행해진 경우, 동일한 시점 및 시장에서 동일한 상품에는 동일한 가격만 성립한다는 법칙이다. 하지만 현실 세계는 그렇지 않다.

전통경제학의 문제는 이론과 다른 현상에 대한 해석을 외면해 왔다는 것입니다. 이론과 어긋나는 현상이 나오면 이론을 재검토하고 수정하는 것이 아니라 '때에 따라서는 이론과 다른 상황이 발생할 수도 있지만, 이는 예외(anomaly) 현상이다. 장기적으로 보면 이론은 유효하다'라며 스스로에게 유리한 쪽으로 대처해 왔습니다. 그에 대한 성찰이 새로운 이론을 발전시키는 계기가 되었습니다.

왜 합리적이지 않은 행동을 하는가?

사람들이 가진 정보는 편향적이다

전통경제학에서는 인간이 완전한 지식을 가지고 있다고 가정합니다.
하지만 실제로는 모두가 정보를 동등하게 가지고 있다고 할 수는 없습니다.

정보의 비대칭성(information asymmetry)은 전통경제학의 반성에서 나온 비교적 새로운 이론으로 유용한 정보를 많이 가지고 있는 사람과 그렇지 않은 사람이 있다는 것입니다. 신제품, 불상사 등 기업 내부 정보는 특정 임직원만 알고 있습니다. 이것을 내부자 정보(insider information)라고 합니다. 내부 직원만 알고 있는 정보를 외부인은 모르는 것처럼 정보는 불완전하고 불공평하게 배분됩니다.

정보의 비대칭성이란?

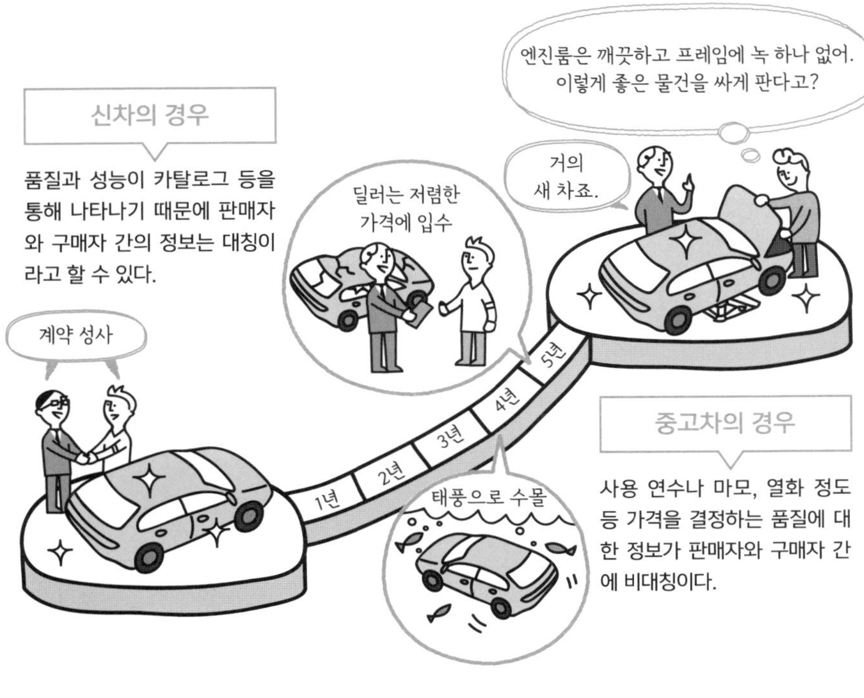

신차의 경우

품질과 성능이 카탈로그 등을 통해 나타나기 때문에 판매자와 구매자 간의 정보는 대칭이라고 할 수 있다.

계약 성사

딜러는 저렴한 가격에 입수

1년 2년 3년 4년 5년

태풍으로 수몰

거의 새 차죠.

엔진룸은 깨끗하고 프레임에 녹 하나 없어. 이렇게 좋은 물건을 싸게 판다고?

중고차의 경우

사용 연수나 마모, 열화 정도 등 가격을 결정하는 품질에 대한 정보가 판매자와 구매자 간에 비대칭이다.

중고차 시장에서 판매자(딜러)는 중고차에 대한 정보를 많이 가지고 있으며 수몰, 사고, 엔진 마모 등 한눈에 봐서는 알 수 없는 성능 상태 정보들도 모두 알고 있습니다. 상대적으로 구매자는 가진 정보가 부족합니다. 이런 정보의 비대치성이 계속 되면 구매자는 판매자가 자신을 속이는 것은 아닌지 불안감이 커집니다. 정보의 비대칭성이 해소되지 않은 채 남아 있으면 시장 자체가 없어질 가능성도 있습니다.

정보의 비대칭성이 초래하는 기타 폐해

● **역선택**adverse selection

정보 부족으로 원하는 것보다 못한 계약을 맺게 되는 것. 능력에 상관없이 모두 평균 임금을 받는 조건으로 구인을 할 경우 유능한 사람은 지원하지 않고, 유능하지 않은 사람만 지원할 가능성이 있다.

● **모럴 해저드**moral hazard

상대방의 정보 부족을 이용하여 바람직하지 않지만, 자신의 이해에는 부합하는 행동을 하는 것. 자동차 보험 가입 후 안전운전에 대한 의식이 약해지고 난폭 운전을 하는 경우가 있다.

우리 마음이 경기를 좌우한다

'경기가 좋다, 나쁘다'라는 말을 자주 하지만 실제로는 우리의 마음이 경기를 움직이고 있다고도 할 수 있습니다.

경기는 매매나 거래에 나타나는 호황·불황 등의 경제 활동 상태라고 정의되어 있습니다. GDP(국내총생산)의 성장(경제성장)이 플러스면 경기가 좋고, 반대로 마이너스면 경기가 나쁘다는 것입니다. 경제가 성장하면 자연히 우리 마음에 여유가 생깁니다. 그것이 리스크를 취하는 심리를 자극해 주가 상승 등으로 연결됩니다.

경기가 나쁘면…

모든 사람이 경기가 나쁘다고 생각하면 소비가 얼어붙고, 경기는 한층 더 나빠진다.

확실히 경기는 마음으로 느껴지며, 우리의 심리 상태는 경제에 무시할 수 없는 영향을 끼칩니다. 집에 혼자 있으면 어울릴 상대도 없고 기분도 고조되지 않습니다. 그러면 돈을 써서 즐거움을 누리려는 마음도 생기지 않습니다. 이런 사람이 늘어나면 경제 활동이 침체할 수 있습니다. 반면, 사람들과 함께 왁자지껄하게 외출하면 식사나 쇼핑을 하는 등 돈을 지출하고, 경제에 활력을 불어넣게 됩니다.

경기가 좋으면…

모두 경기가 좋다고 생각하면 소비가 활발해지고, 경기는 한층 더 좋아진다.

이그노벨상을 수상한 행동경제학자

행동경제학자 댄 애리얼리 교수는 몸 상태가 마음에 따라 개선된다는 것을 증명하였습니다.

마음은 우리의 감정, 의지, 생각 등을 일으키는 작용을 합니다. '병은 마음먹기에 달렸다'라는 말은 마음이 몸 상태를 좌우한다는 의미입니다. 듀크 대학교의 댄 애리얼리(Dan Ariely) 교수의 연구에 의하면 사람들은 같은 약을 복용하더라도 가격에 따라 느끼는 효과에 차이가 있으며, 같은 에너지 드링크라도 할인 판매 제품과 정가 제품에 따라 느끼는 효과가 다르다고 합니다.

댄 애리얼리 교수의 연구

댄 애리얼리
Dan Ariely (1967 ~)

미국 심리학 및 행동경제학자. 듀크 대학교 교수. 2008년 이그노벨상 수상. 2018년 세계에서 가장 영향력 있는 50명의 심리학자 중 한 명으로 선정되었다.

위약인데도 효과가 있다고 믿고 복용했더니, 병이 호전되었다는 '위약=플라시보 효과(placebo effect)'에 관한 연구입니다. 2008년 댄 애리얼리 교수는 이를 증명한 공로를 인정받아 이그노벨상(Ig Nobel Prize: 획기적이고 이색적인 연구 업적을 이뤄낸 사람들을 선정해서 주는 상)을 수상했습니다. 실제로 웃음이 면역력을 높이는 데 효과적이라는 등 의학 분야에서도 마음과 병의 관계가 밝혀지고 있습니다. 경기와 병 모두 마음의 영향을 받듯이 우리 인생도 마음먹기에 따라 크게 변화할 수 있습니다.

병과 마찬가지로 경기도 마음먹기에 달려 있다

사람들이 경기가 좋다고 생각하면 소비가 늘고 경기는 좋아진다.

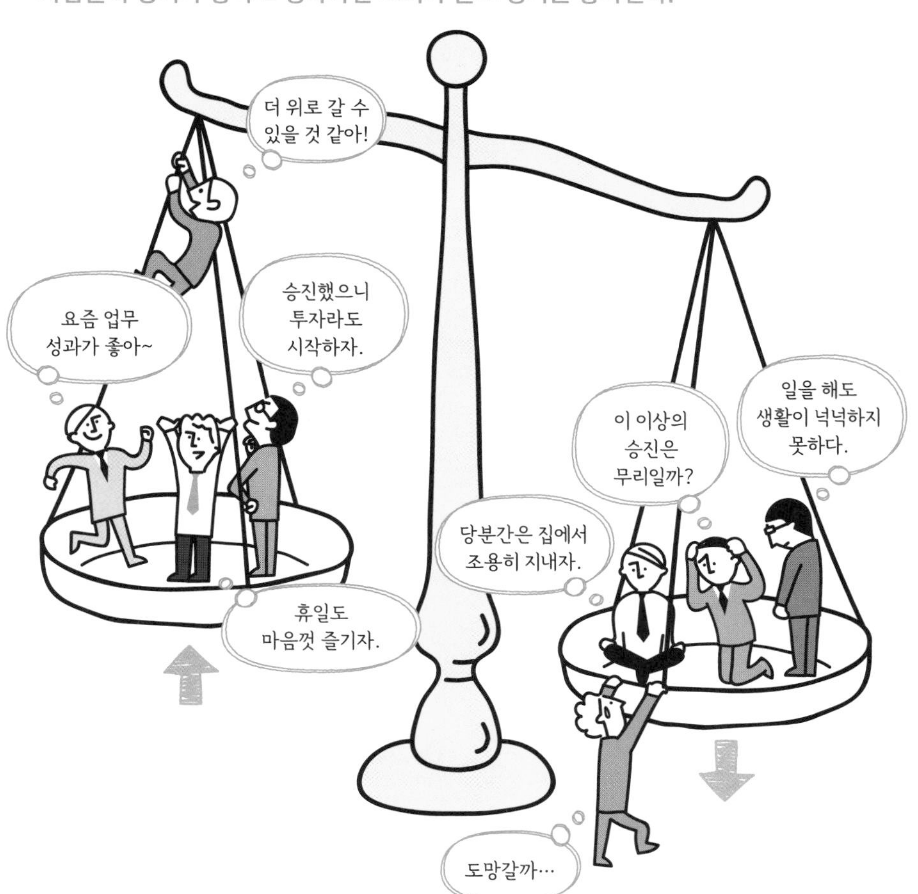

욕구에는 여러 단계가 있다

우리 욕구에는 여러 단계가 있습니다. 미국의 심리학자 매슬로는 인간의 욕구 수준을 5단계로 나누어 설명했습니다.

우리는 셀 수 없이 많은 종류의 욕구를 가지고 있으며 욕구가 생기는 것을 멈출 수 없습니다. 다이어트를 하는 동안에는 음식을 먹고 싶다는 욕구와 멋진 몸매를 가지고 싶다는 상충된 욕구가 존재합니다. 자본 경제 시장에서는 이익을 추구하는 마음=부(富)의 욕구가 비즈니스의 원동력이며, 이를 성공이나 이익을 추구하는 **야성적 충동**(animal spirit 혈기, 야심)이라고 합니다.

매슬로의 욕구 단계설

매슬로의 욕구 단계설(Maslow's hierarchy of needs)에 따르면 인간의 욕구는 5단계의 피라미드로 구성되어 있고 낮은 단계의 욕구가 충족되면 다음 단계의 욕구 충족을 원하게 된다.

미국의 심리학자 에이브러햄 매슬로(Abraham Harold Maslow)는 우리의 욕구를 알기 쉽게 계층화 한 욕구 5단계설을 주장했습니다. 우리는 1단계: 생리적 욕구(호흡, 식사), 2단계: 안전 욕구(신체안전확보, 고용확보), 3단계: 사회적 욕구(우정, 가족애), 4단계: 존엄 욕구(자존심, 타인으로부터 존경), 5단계: 자기실현 욕구 순으로 욕구를 추구합니다. 일반적으로 사회가 발전함에 따라서 더 높은 차원의 욕구가 강해진다고 합니다.

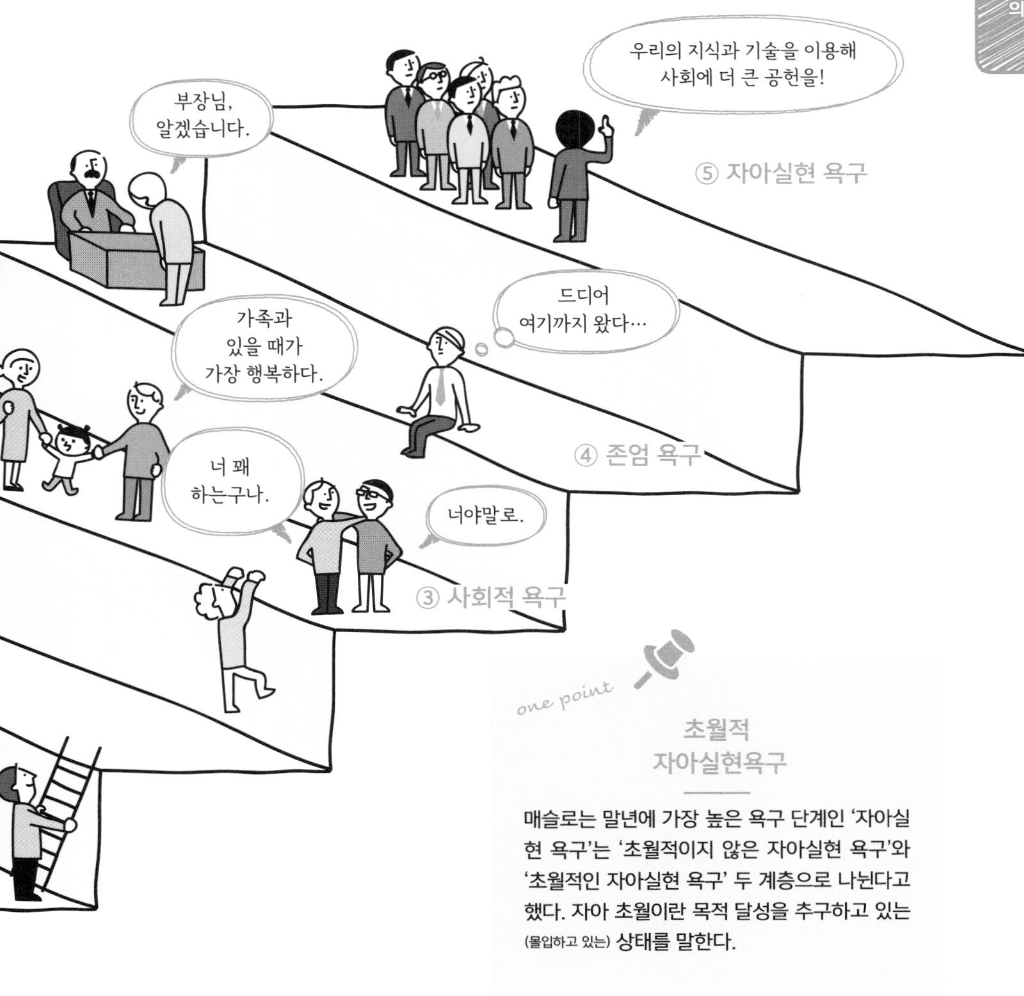

초월적 자아실현욕구

매슬로는 말년에 가장 높은 욕구 단계인 '자아실현 욕구'는 '초월적이지 않은 자아실현 욕구'와 '초월적인 자아실현 욕구' 두 계층으로 나뉜다고 했다. 자아 초월이란 목적 달성을 추구하고 있는 (몰입하고 있는) 상태를 말한다.

행동재무학은 어떤 분야인가?

행동경제학의 한 분야인 행동재무학의 등장으로 거품 현상 등 전통경제학으로는 설명할 수 없는 현상의 설명이 가능해졌습니다.

행동재무학(behavioral finance)은 명칭에서 알 수 있듯이 행동경제학의 한 분야입니다. 실제 금융시장에서 활동하는 인간에게 주목하여 그 심리 현상을 분석함으로써 금융시장 동향을 현실에 입각해 있는 그대로 해석합니다. 전통경제학의 한 분야인 금융론에서 시장은 효율적이며 투자자(인간)는 합리적인 존재라고 전제를 두어 왔지만, 행동재무학은 그러한 전제를 두지 않습니다.

행동재무학의 자리매김

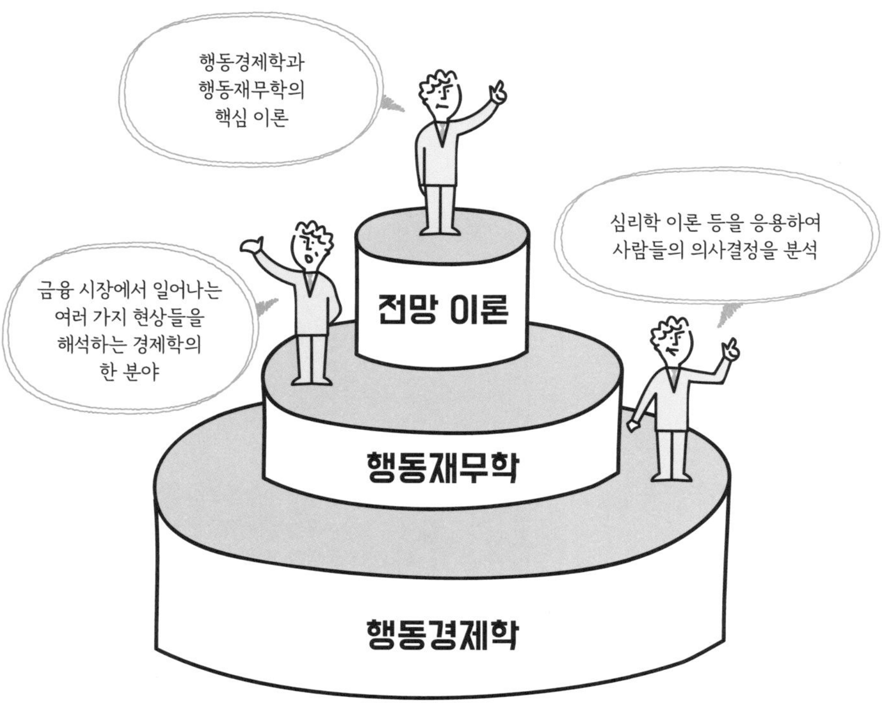

행동경제학과 행동재무학의 핵심 이론

심리학 이론 등을 응용하여 사람들의 의사결정을 분석

금융 시장에서 일어나는 여러 가지 현상들을 해석하는 경제학의 한 분야

전망 이론

행동재무학

행동경제학

행동재무학은 기존 금융론이 설명을 포기해온 예외 현상을 잘 설명할 수 있습니다. 예를 들어 전통경제학에서는 거품 현상을 '있을 수 없다', '일시적이고 예외적인 현상이다'라고 치부해 왔습니다. 그러나 행동재무학은 심리학 이론을 적용하여 거품 현상 등을 정면으로 마주하고 투자자가 어떤 심리로 금융 거래를 하는지 분석합니다. 행동재무학을 공부하면 개인의 자산 운용에도 도움이 될 것입니다.

전통재무학 이론과 행동재무학 이론

※공정 가치: 이론적으로 공정하다고 생각되는 가치

column No. 02

경제학도 실험을 한다

경제학에서도 실험 참가자를 모으고 우리의 마음이 행동에 어떻게 영향을 주는지 실험을 합니다. 그게 바로 '실험경제학(experimental economics)'입니다. 예를 들면, 컴퓨터상에서 가상의 금융 시장을 만들고 손익의 발생 상황이나 정보의 양 등에 따라 실험 참가자의 투자가 어떻게 영향을 받는지를 실제로 조사하는 것입니다. 그 외에도 다양한 경제 활동에 관한 행동을 규명하기 위해 실험이 진행됩니다.

하버드 대학교의 에드워드 체임벌린(Edward Chamberlain) 교수는 1948년에 《불완전한 시장 실험(An Experimental Imperfect Market)》이라는 논문을 발표했습니다. 2002년에는 실험경제학 이론의 발전에 이바지한 것을 기려 채프먼 대학교의 버넌 스미스(Vernon L. Smith) 교수가 노벨 경제학상을 수상했습니다. 전통경제학에 관한 연구는 꾸준히 이루어져 왔다고 할 수 있습니다. 그만큼 종래의 전제를 새로운 발상으로 전환한 연구가 증가하는 것은 어떤 의미에서는 당연한 일이라고 말할 수 있습니다.

chapter

행동경제학의 핵심 이론

사람들은 생각지도 못한 사이에 틀에 박힌 사고를 하곤 합니다. 이 장에서는 행동경제학의 핵심 이론과 함께 우리의 비합리적인 의사결정 과정을 다룹니다.

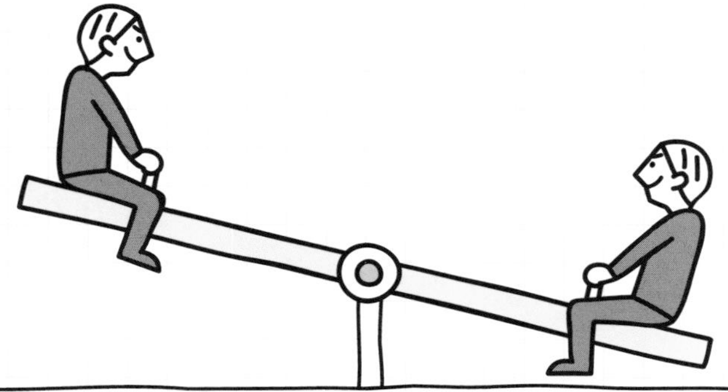

의사결정을 좌우하는 '직감'

우리는 사물을 직관적으로 대략 파악하고 의사결정을 하는 경우가 있습니다.
이것을 행동경제학에서는 '휴리스틱'이라고 부릅니다.

휴리스틱(heuristics)이란 어림짐작으로 판단한다 또는 직감적으로 이해한다는 것입니다. 다시 말해 약간의 노력으로 빠르게 결론을 도출하는 것입니다. 예를 들어 우리나라 인구는 몇 명이냐는 질문을 받았다면, 매체에서 약 5,100만 명 정도로 본 적이 있어 그 기억에 의지해 대답을 합니다. (행정안전부가 발표한 2018년 주민등록 인구 통계에 따르면 5,182만 6,059명) 이것이 바로 휴리스틱입니다.

복잡한 정보를 단순하게 파악하는 심리적 경영

다양한 형태의 원이 있지만 잠깐 보고 바로 판단하면,
원을 기본으로 한 형상이라는 공통점이 인상에 남는다. 이것이 휴리스틱이다.

휴리스틱이란 어떤 정보를 자기 나름대로 이해하거나 그 정보를 사용하여 외부에 반응할 때, 오랜 시간을 들여 신중하게 생각하는 것이 아니라 직감을 발휘하여 어림짐작으로 생각하고 의사결정을 하는 마음입니다. 예를 들어 주식 투자자가 큰 태풍으로 하천이 범람하고 다리, 도로에 피해가 발생했다는 뉴스를 듣고는 바로 건설 관련 주식을 매수하는 경우도 이에 해당합니다.

일상의 휴리스틱 예시

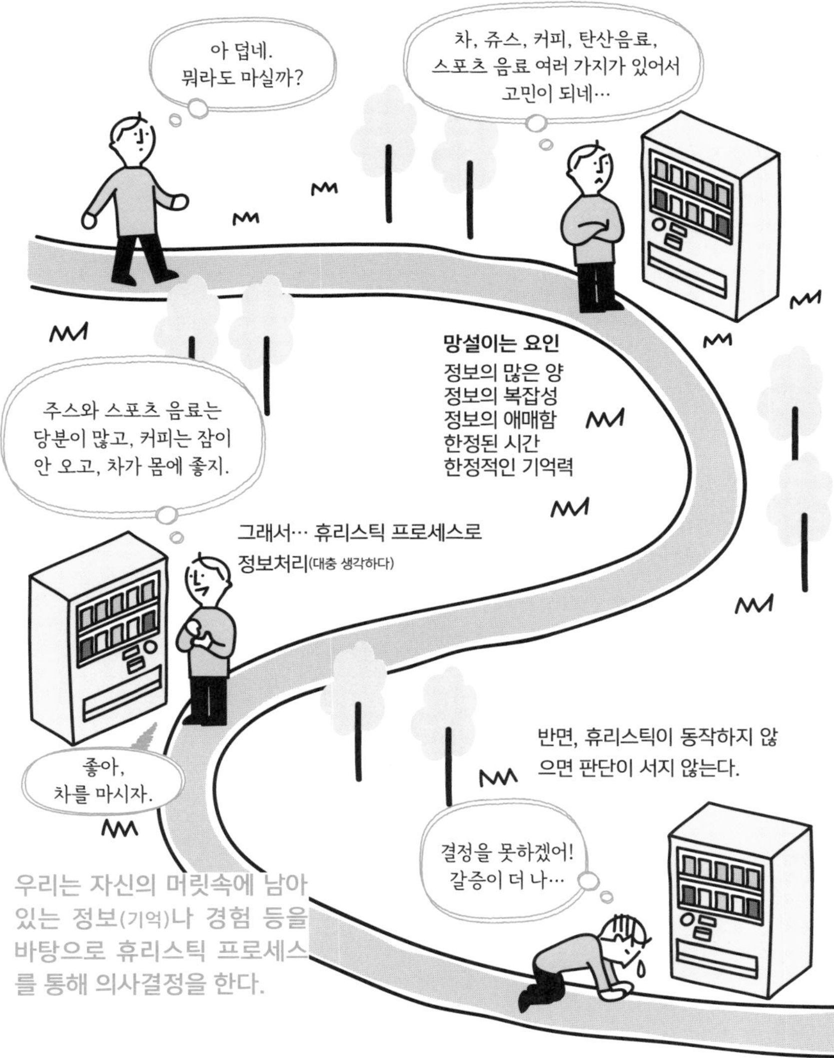

행동경제학의 핵심 이론 02

단순하게 생각하는 것이 핵심

휴리스틱은 몇 가지 유형이 있습니다.
정보를 대략적으로 파악하는 것을 단순화 휴리스틱이라고 합니다.

우리는 정보를 생각하고 이해하려고 할 때 무의식적으로 복잡한 내용을 단순하게 포착합니다. 그것이 의사결정의 바탕이 됩니다. 반올림이 좋은 예입니다. 반올림을 할 때 우리는 소수점 이하 숫자(작은 차이)를 무시합니다. 우리나라 2017년도 기준 인구수 51,778,544명을 약 5,100만 명으로 받아들이는 것이 **단순화 휴리스틱**입니다.

복잡한 정보의 단순화

예를 들어 2018년 기준 일본 체류 한국인은 449,634명이지만 대략 44만 9천 명으로 기억하는 것이 정보로는 유용하다. 이 또한 단순화 휴리스틱의 예.

하지만 단순하게 사고하여 최종 의사결정을 내릴 때, 어떤 정보가 유용할지 여부를 모르는 채로 생각이 뒤바뀌는 경우가 있습니다. 단순화 휴리스틱은 합리적인 판단에 도달하는 방법의 하나지만 항상 옳은 것은 아닙니다. 판단의 실수를 방지하기 위해서는 중요한 요소와 아닌 요소를 냉정하게 구분하여 생각하면 좋습니다.

메이저 팩터와 마이너 팩터

의사결정 시에 중요한 것은 메이저 팩터(major factor 중요성이 높은 요인)와 마이너 팩터(minor factor 그만큼 중요하지 않은 요인)를 나누는 것이다.

단순화로 인해 어떤 정보가 중요한지 알 수 없게 되는 경우도 있다. 의사결정의 목적을 확인하고, 무엇이 중요한 요인인지 명확히 의식하는 것이 중요하다.

정보의 이용 가능성

정보의 이용 가능성에는 '물리적 이용 가능성'과 '인지적 이용 가능성' 두 가지 유형이 있습니다.

우리는 결정을 내리기 위해 정보에 의존하지만, 이용 가능한 정보가 많을수록 과대평가될 가능성이 높습니다. 이를 정보의 이용 가능성이라고 합니다. 신문, 잡지, TV, 인터넷 등에서 누구나 이용할 수 있는 정보를 '물리적 이용 가능성'이 높은 정보라고 합니다. 한편, 우리의 인지가 정보의 이용 가능성을 좌우하기도 합니다. 자신의 기억에 선명하게 남아 있는 정보나 비교적 최근에 알게 된 정보일수록 쉽게 떠오릅니다. 이를 '인지적 이용 가능성'이라고 합니다.

두 가지 유형의 정보 이용 가능성

● 물리적 이용 가능성

기준

물리적으로 이용 가능하고, 접근하기 쉬운 정보

예시

인터넷 웹 사이트, 신문, TV, 잡지 등에서 입수 가능한 정보는 누구나 쉽게 접근할 수 있다.

● 인지적 이용 가능성

우리나라는 2018년에 동계올림픽을 개최했지.

스위스는 언제 동계올림픽을 개최했었지? 기억이 안 나네.

기준

자신의 기억에 강하고 선명히 남아 있는 정보(새로 입수한 정보 등)

예시

개인의 기억이나 지식. 사람들은 의사결정을 할 때 종종 자신이 기억하고 있는 정보에 의존한다.

정보의 인지적 이용 가능성은 우리의 감정 상태에 영향을 받습니다. 기분이 좋으면 긍정적인 정보를 얻는 경향이 있고, 반대로 기분이 쳐지고 우울하면 감정도 침체됩니다. 이와 같이 우리가 어떤 정보를 사용하는지는 당시의 환경과 분위기에 따라 달라지는 경향이 있습니다. 그렇기 때문에 항상 바람직하고 합리적인 의사결정을 할 수 있는 것은 아닙니다.

필요한 정보가 무엇인지 생각하는 것이 중요

모든 사람이 모든 정보를 평등하게 이용할 수 있다는 것은 현실적으로 불가능하다.
정보를 입수하는 데도 다양한 제약이 있다.

● 투자자의 경우

전문 트레이더와 펀드매니저는 스마트폰 앱과 트레이딩 데스크용 모니터를 확인해 언제 무슨 일이 벌어졌는지 시장동향을 확인할 수 있다. 그렇게 할 수 있는 것과 없는 것은 큰 차이가 있으며 상당한 비용이 든다.

● 기업의 경우

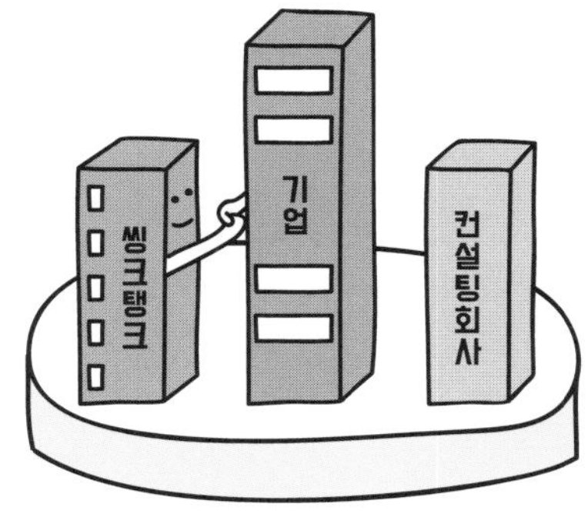

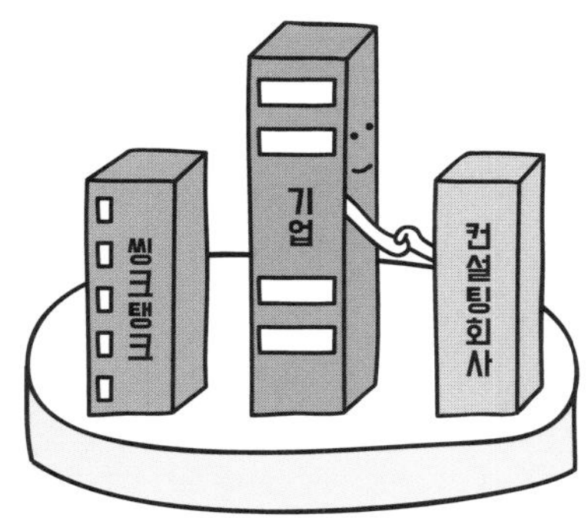

기업의 연구 예산은 한정되어 있다. 세계의 모든 싱크탱크, 컨설팅 업체, 리서치 업체와 계약을 맺을 수도 없고, 조사업체마다 역량과 강점도 제각기 다르다. 어떤 정보가 필요한지 냉정하게 생각하는 것이 중요하다.

'지금 이대로' 유지하고 싶은 심리

우리에게는 새로운 사물이나 시도보다는 현재 상황을 유지하고 싶은 심리적 경향이 있습니다. 이를 '현상 유지 편향'이라고 부릅니다.

현상 유지 편향(status quo bias)이란 모든 것을 현재처럼 유지하려는 경향을 말합니다. 지금까지 하지 않았던 새로운 노력을 시도하여, 더 큰 만족과 경제적 가치를 얻을 수 있다고 해도 우리는 그것을 과소평가하는 경향이 있습니다. 다시 말해, 우리는 새로운 노력이 가져오는 불이익에 초점을 맞추고, '지금까지의 방식으로 잘 되고 있는데 왜 바꿔야 하는 것인가'라고 생각하며 어제와 같은 대처를 오늘도 내일도 지속하는 것이 좋다고 생각하는 경향이 있습니다.

사람들은 현상 유지를 원한다

사람들은 현재 상황이 유지 되는 것을 선호하는 경향이 있다. 그 배경에는 지금까지와 다른 상황을 선택하는 것에 대한 불안이나 스트레스를 피하려는 심리(손실 회피)가 있다.

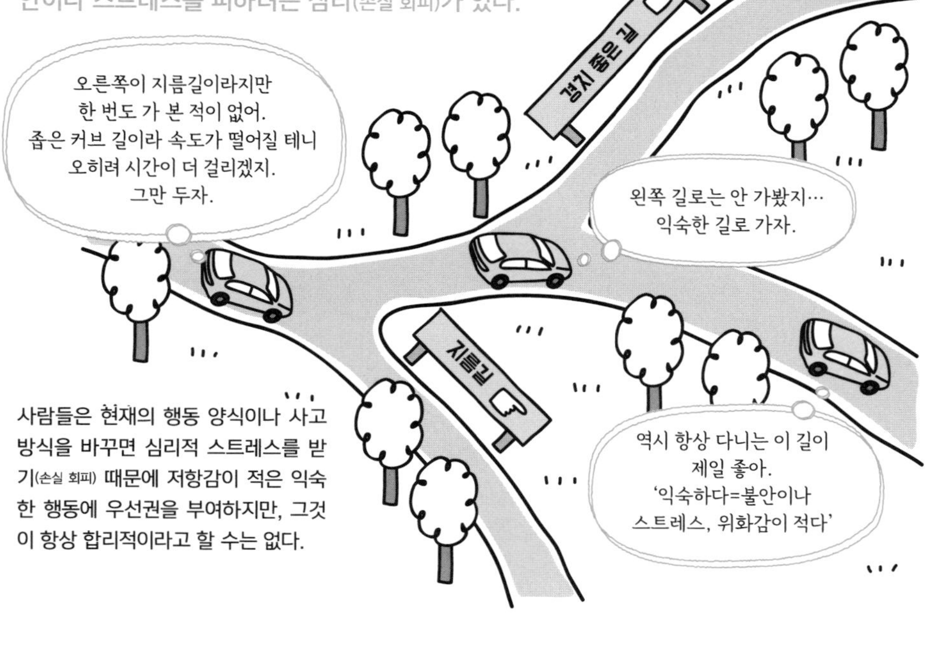

사람들은 현재의 행동 양식이나 사고방식을 바꾸면 심리적 스트레스를 받기(손실 회피) 때문에 저항감이 적은 익숙한 행동에 우선권을 부여하지만, 그것이 항상 합리적이라고 할 수는 없다.

컬러 TV 등 가전제품으로 성공 가도를 달리던 일본 전자기기 업체들이 어느 순간부터 경쟁력을 잃었습니다. 이는 과거의 성공 경험에 젖어 기존과 같은 규격의 완성품을 계속 만들어도 된다는 생각을 고수했기 때문일 것입니다. 현상 유지 편향은 항상 같은 브랜드 맥주만 마시는 것처럼 특정 브랜드를 고수하는 심리에도 녹아 있습니다. 그리고 기업은 이를 마케팅에 적극 활용하고 있습니다.

매일, 곳곳에 현상 유지 편향의 함정이 있다

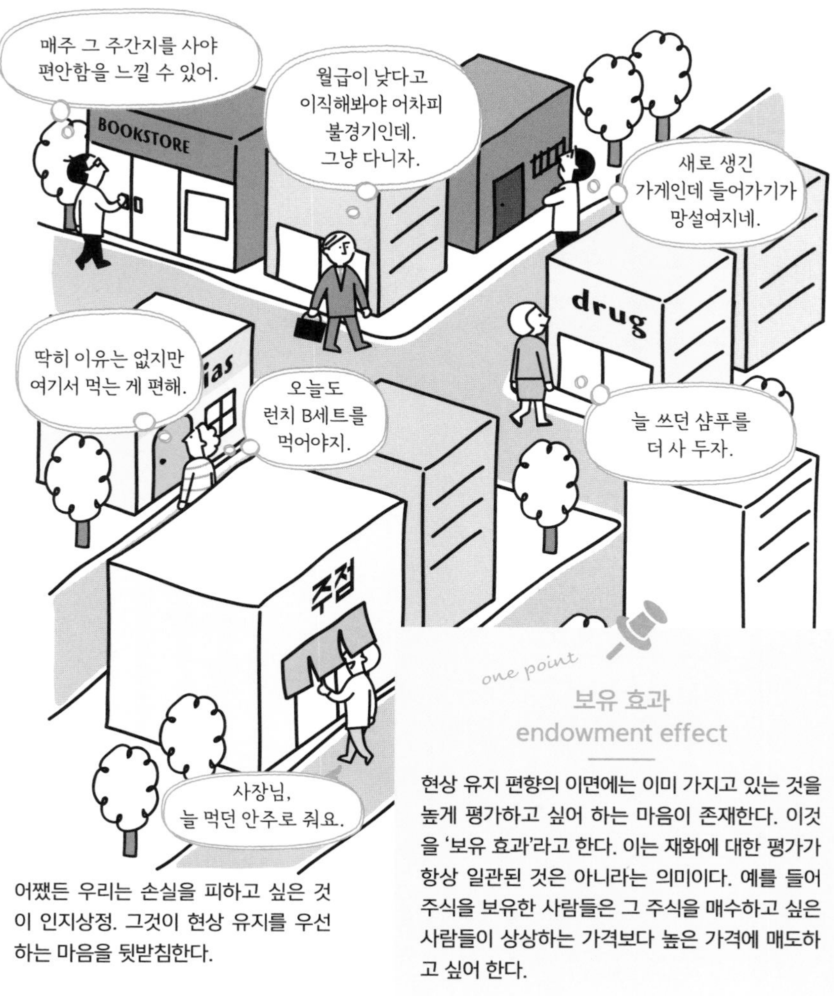

어쨌든 우리는 손실을 피하고 싶은 것이 인지상정. 그것이 현상 유지를 우선하는 마음을 뒷받침한다.

one point

보유 효과 endowment effect

현상 유지 편향의 이면에는 이미 가지고 있는 것을 높게 평가하고 싶어 하는 마음이 존재한다. 이것을 '보유 효과'라고 한다. 이는 재화에 대한 평가가 항상 일관된 것은 아니라는 의미이다. 예를 들어 주식을 보유한 사람들은 그 주식을 매수하고 싶은 사람들이 상상하는 가격보다 높은 가격에 매도하고 싶어 한다.

첫인상이 90%를 좌우한다는 것이 진짜일까?

우리는 첫인상으로 사람이나 사물을 판단하곤 합니다.
이러한 심리적 경향을 초두 효과라고 합니다.

일상생활에서 첫인상이 90%를 좌우하는 경우가 많습니다. 싱글벙글 웃는 사람을 보면 '사람 좋아 보이네'라는 느낌이 듭니다. 반대로 인상 쓰고 있는 사람을 보면 '어쩐지 무서울 것 같다'라고 생각하게 되고, 혹시 그 사람이 말을 걸면 깜짝 놀라기도 합니다. 이는 언뜻 본 인상이 우리 인지에 결정적인 영향을 줄 가능성이 있음을 의미합니다. 이것이 초두 효과(primacy effect)입니다.

외모는 진짜 중요할까?

사람의 외모는 상대방에게 주는 첫인상에 큰 영향력을 가지고 있습니다.

초두 효과를 속담으로 표현하면 '세 살 버릇 여든까지 간다'입니다. 인격은 유년 시절의 경험과 환경에 의해 형성되어 평생 영향을 미친다고 알려져 있습니다. 한 번 형성된 인격은 쉽게 변하지 않는다는 것입니다. 이처럼 인간의 두뇌에는 첫 번째로 입력된 정보가 각인되고, 입력된 정보를 시간순으로 나열하면 초기 단계에 기억된 정보가 마음에서 더 비중 있게 작용할 수 있다고 합니다.

처음 입력된 정보의 영향을 받기 쉽다

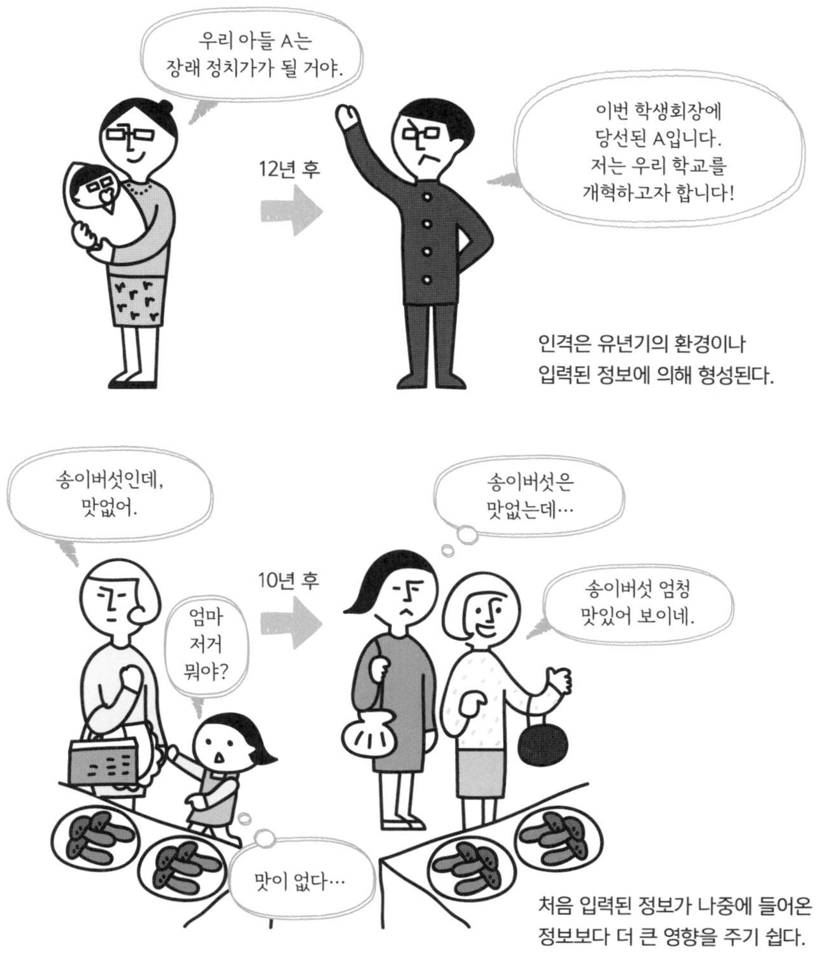

인격은 유년기의 환경이나
입력된 정보에 의해 형성된다.

처음 입력된 정보가 나중에 들어온
정보보다 더 큰 영향을 주기 쉽다.

시험 점수가 안 좋을 때 부모님께 어떻게 말씀드릴까?

좋은 소식과 나쁜 소식 중 어느 것을 먼저 전하느냐에 따라 상대가 느끼는 방식에 큰 차이가 생길 수 있습니다.

초두 효과(primacy effect)는 처음 입력된 정보가 나중에 입력된 정보보다 판단이나 의사결정에 더 큰 영향력을 발휘하는 것을 말합니다. 다음의 경우를 봅시다. 초등학생 A 군의 학교 시험 결과가 수학은 80점, 국어는 55점이었습니다. 아버지가 시험 결과가 좋으면 장난감을 사 주겠다고 약속했습니다. 자, 어떻게 전달하면 장난감을 받을 수 있을까요?

정보를 듣는 순서에 따라 느낌이 달라진다

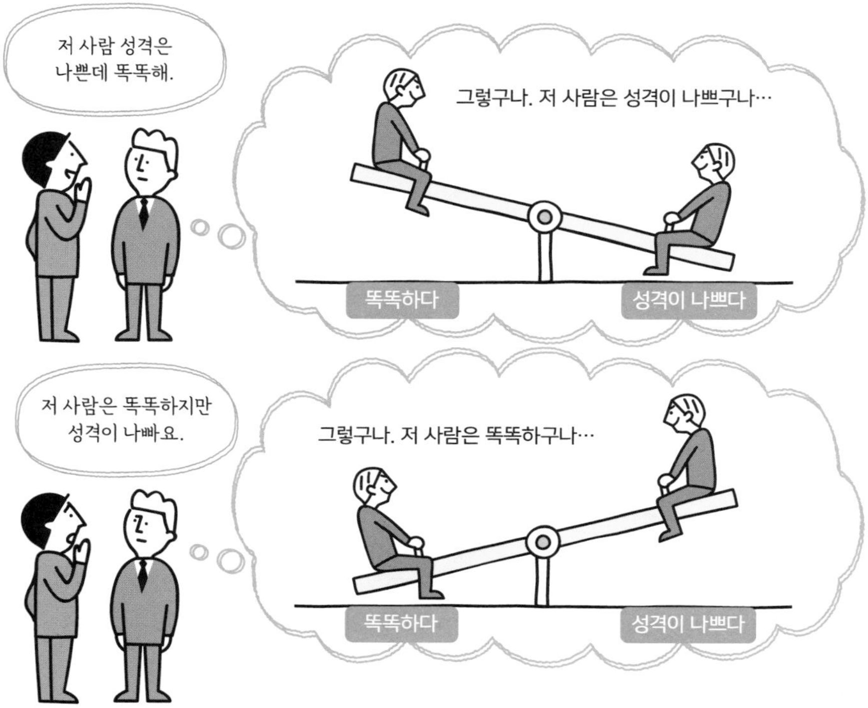

초두 효과의 휴리스틱에 따르면 A 군은 "수학은 열심히 공부해서 80점을 받았습니다. 국어는 공부 시간이 부족했습니다. 친구들도 국어 시험이 어려웠다고 합니다. 그래도 반 평균 점수인 55점은 받았습니다"라고 전해야죠. 그러면 다행스럽게도 아버지로부터 칭찬을 받을 수 있을 것입니다. 반면에 처음부터 "국어 시험을 망쳤어요. 노력은 했지만 55점…"이라고 이야기하면 아버지가 분통 터트릴지도 모릅니다.

의사결정에 영향을 미치는 초두 효과

마지막 팀이 기억에 남는다

초두 효과와 달리 새로운 정보일수록 더 인상적이고 기억에 남습니다. 이것을 최신 효과라고 합니다.

초두 효과와 달리 나중에 인지한 정보나 최신 정보가 기억에 선명하게 남는 경우가 많습니다. 예를 들어 대부분의 사람들이 어렸을 때 한 일은 기억하기 힘들지만 최근에 한 일은 잘 기억합니다. 우리는 오래된 정보를 최신 정보처럼 기억하기는 어렵습니다. 이를 최신 효과(recency effect)라고 합니다.

일상생활의 다양한 최신 효과

마지막에 입수한 정보, 즉 최신 정보의 영향을 받아 결정을 내릴 수도 있다.

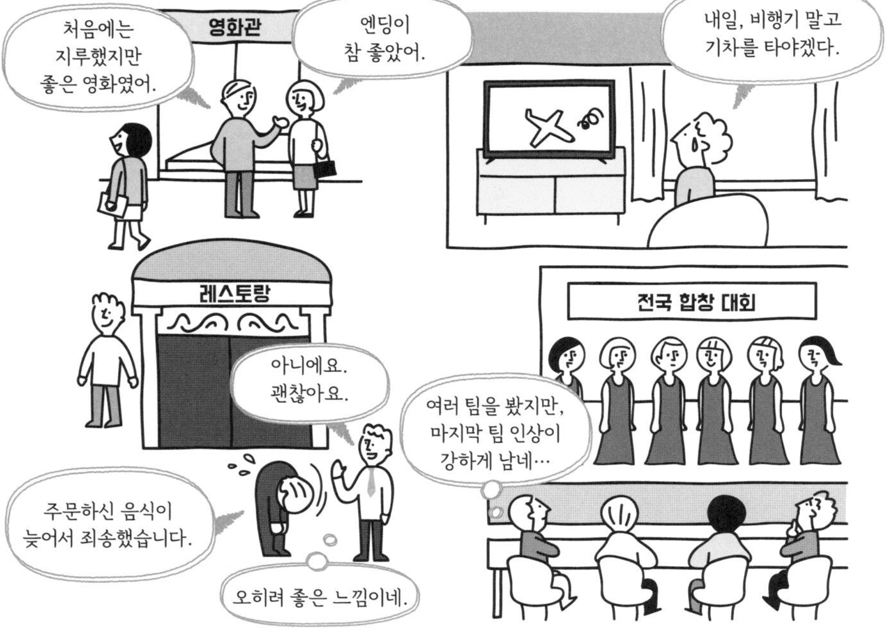

처음에는 지루했지만 좋은 영화였어.
영화관
엔딩이 참 좋았어.
내일, 비행기 말고 기차를 타야겠다.
레스토랑
전국 합창 대회
아니에요. 괜찮아요.
여러 팀을 봤지만, 마지막 팀 인상이 강하게 남네…
주문하신 음식이 늦어서 죄송했습니다.
오히려 좋은 느낌이네.

영어 단어를 외울 때 마지막에 본 단어는 기억나지만, 처음에 본 단어는 기억이 잘 안 나는 것도 최신 효과가 작용한 예입니다. 같은 선상에서 시험 전날 벼락치기가 효과를 발휘하는 것도 최신 효과 중 하나입니다. 이렇게 새로 알게 된 정보나 최근에 배운 내용이 우리 기억에 남기 쉽고 의사결정에도 상당한 영향을 미치는 것으로 알려져 있습니다.

최신 정보가 의사결정에 영향을 미친다

A 씨는 신형 자동차를 살까 말까 고민하고 있다. 탑재된 엔진의 연비 효율, 주행 성능 등을 다른 브랜드 경쟁 모델과 비교하여 상세하게 조사했다.

사람들은 왜 유행을 따를까?

사람은 혼자보다 함께 하는 것에 안도감을 느낍니다.
유행의 배경에는 이러한 쏠림 현상이 작용하고 있습니다.

쏠림 현상(herd behavior)이란 혼자가 아니라 무리를 이루고 싶은 심리 현상을 말하며, 군중 심리라고도 합니다. 30마리 정도의 양 떼가 길을 터벅터벅 걷고 있습니다. 무리는 Y자 모양의 갈림길에 다다랐습니다. 선두 양이 천천히 오른쪽 길로 향하니 다른 양들도 덩달아 뒤를 따릅니다. 동물뿐만 아니라 우리 인간도 혼자보다 여러 사람과 함께 행동함으로써 큰 안도감을 가집니다.

사람이 양과 같아?

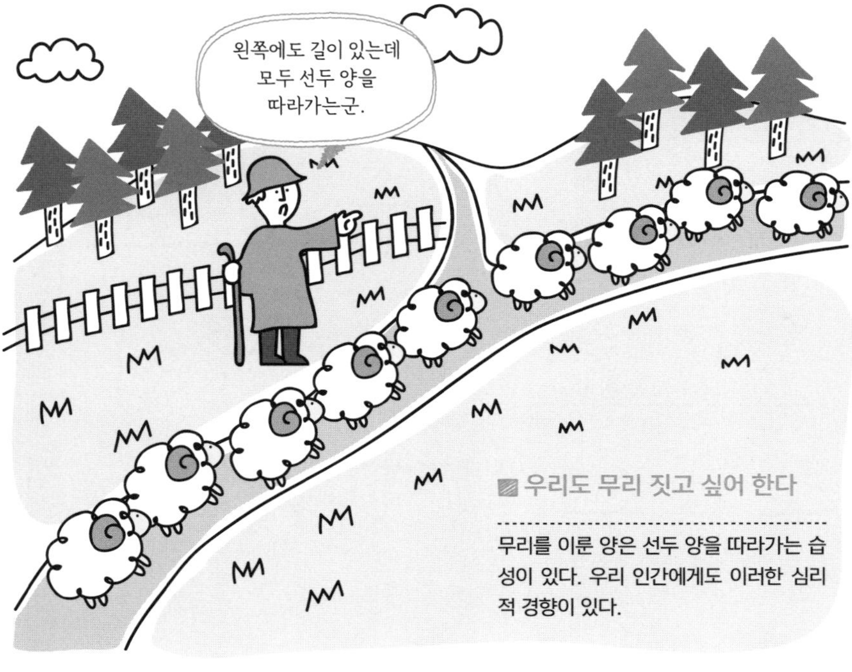

왼쪽에도 길이 있는데 모두 선두 양을 따라가는군.

우리도 무리 짓고 싶어 한다

무리를 이룬 양은 선두 양을 따라가는 습성이 있다. 우리 인간에게도 이러한 심리적 경향이 있다.

선두 양이 왜 오른쪽으로 꺾었는지, 나머지 양들은 왜 그 뒤를 따라갔는지 그 이유는 알 수 없습니다. 이처럼 모든 사람이 하는 것에 마음이 사로잡히면 자기도 모르는 사이에 다른 사람들의 움직임에 휘말립니다. 사람들은 무리를 이루면 안도감을 느낍니다. 아이가 부모에게 친구들이 모두 가지고 있는 특정 물건을 자기도 가지고 싶다고 조르는 것도 군중 심리의 표현이라고 할 수 있습니다.

유행의 배경에는 쏠림 현상이 있음

상대방 마음을 제어하는 기술

처음에 입력된 정보가 마음을 통제하는 것을 닻 내림 효과라고 합니다.

바다에서 배를 정박할 때 해류에 휩쓸리지 않도록 닻을 내립니다. 우리 마음속에도 처음 입력된 참고 정보가 닻처럼 마음을 제어할 수 있습니다. 이것이 닻 내림 효과(anchoring effect)입니다. 예를 들어 설문조사에서 '장래희망이 있습니까?'라고 묻는 경우와 '장래가 불안합니까'라고 묻는 경우 응답에는 상당한 차이가 있을 것입니다. 후자의 경우는 아마 응답자의 대부분이 비관적인 생각을 표현하리라 생각합니다.

어느 사이에 입력되어 판단을 어지럽히는 마음의 닻

마음에 내린 닻

무의식중에 입력된 정보가 '닻'이 되어 자신도 모르는 사이 의사결정에 영향을 줄 수 있다.

어렸을 때, 친구가 '발꿈치라고 10번 말해봐'라고 시킨 적이 있습니다. 시키는 대로 저는 발꿈치를 10번 말했습니다. 그러자 친구는 팔꿈치를 가리키며 '여기가 뭔데?'라고 물었습니다. 순간적으로 '발꿈치!'라고 대답하고는 왠지 당했다는 기분이 들었던 것을 기억하고 있습니다. 이것은 닻 내림 효과의 영향을 보여주는 사례라고 할 수 있습니다.

닻 내림 효과가 사람의 마음에 큰 영향을 미친다

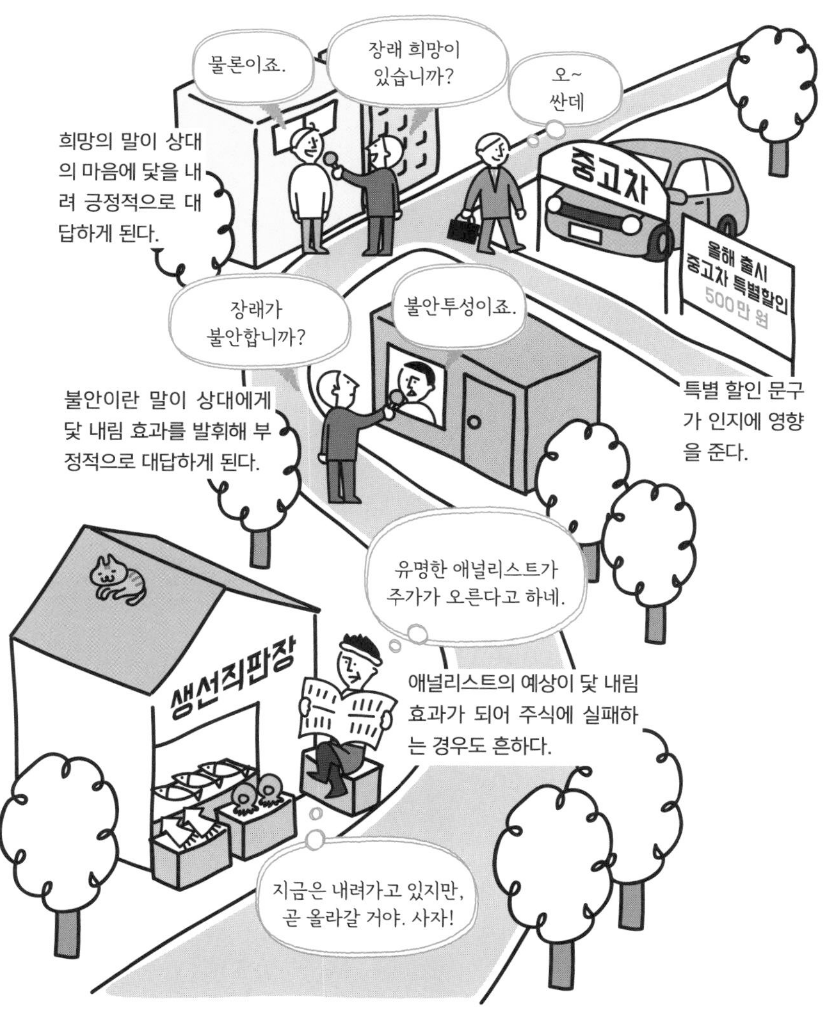

실패는 남 탓, 성공은 내 덕

우리에게는 주변의 상황을 마음대로 통제하고 싶은 욕구가 잠재되어 있고, 그것이 심리나 행동에도 영향을 미칩니다.

통제에 대한 욕구는 주변 상황을 마음대로 움직이고, 제어하고 싶은 근본적인 욕구입니다. 통제 욕구가 집중력에 영향을 미친다는 실험 결과가 있습니다. 참가자를 두 그룹으로 나누고 소음이 있는 공간에서 작업을 시켰습니다. 그리고 한 그룹에게만 되도록 사용하지 않는다는 조건으로 소음을 멈출 수 있는 권한을 부여했습니다. 그 결과 권한을 부여받은 그룹의 작업 성과가 더 좋았습니다.

통제 욕구는 인간의 근본적인 욕망

소음 속에서 작업하는 인부들에게 소음을 멈출 수 있는 스위치를 줬더니, 작업 효율이 높아졌다는 보고가 있다. 환경을 자신의 의지로 통제할 수 있는가의 여부가 집중력에 영향을 미치는 것을 알 수 있다.

통제에는 두 가지 유형이 있습니다. 하나는 자신에게 주위의 상황을 통제할 능력이 있었다고 생각하는 것이고, 다른 하나는 타인이나 외부 환경에 원인이 있었다고 생각하는 것입니다. 전자는 일이 성공했을 경우, 후자는 실패했을 때의 변명을 상상하면 좋을 것입니다. 즉, 성공은 자기의 공이고, 실패는 외부에 의한 통제 때문이라고 생각하는 것입니다.

통제 욕구가 빚어낸 환상

one point

통제의 환상
illusion of control

통제할 수 없는 것을 통제할 수 있다고 생각하는 믿음의 일종으로 의사결정에 큰 영향을 미친다.

룰렛에서 3번 연속 검정이었으면, 다음은 반드시 빨강이다!

우리의 예측이 통계 이론처럼 반드시 합리적이고 객관적인 것은 아닙니다. 주관성이 우리를 왜곡시키는 것에 주의해야 합니다.

특정한 일이 일어날 확률을 자신의 주관이나 감각에 따라 멋대로 높게 잡는 것을 **도박사의 오류**(gambler's fallacy)라고 합니다. 특정 현상에 대해 도출될 확률이 정해져 있음에도 불구하고 사람은 때로 더 높은 발생확률을 기대하게 됩니다. 주관적인 판단에 의해서 객관적인 확률을 왜곡해 버리는 케이스는 도박꾼에 한정되지 않고, 투자자에게서도 종종 발생하곤 합니다.

주관에 의해 확률을 높게 추정해 버린다

카지노를 예로 들어 보겠습니다. 룰렛으로 3회 연속 검정이 나왔다고 가정해 봅시다. 이 경우 직감적으로 검정이 3회 연속으로 나왔으니 다음에는 빨강이 나온다고 예상할 것입니다. 하지만 룰렛은 앞뒤가 서로 영향을 주지 않는 일회성 독립 게임입니다. 빨강이든 검정이든 나올 확률은 반반입니다. 이 점에서 보면 다음에 빨간색이 나온다는 판단에는 논리적 근거가 없습니다. 이것이 도박사의 오류입니다.

주관이 예측을 왜곡한다

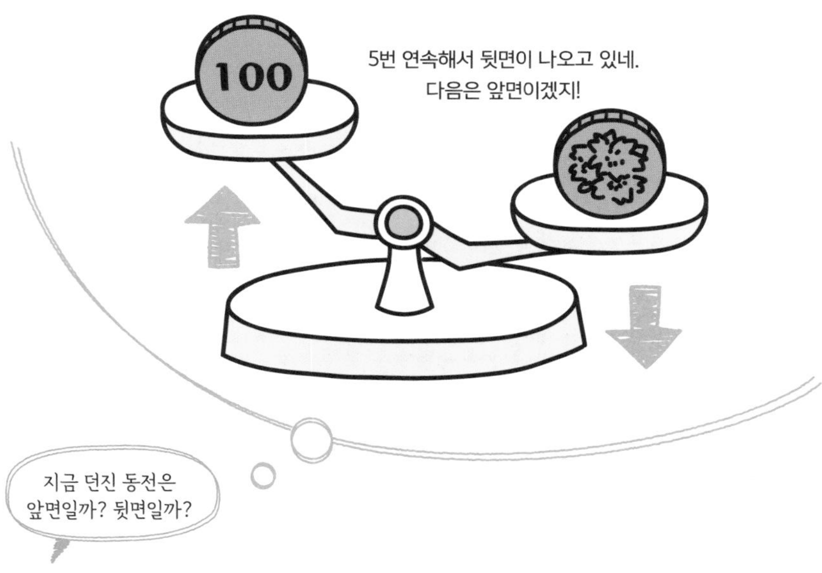

큰 수의 법칙에 따르면 동전을 던져서 앞면이 나올 확률과 뒷면이 나올 확률은 각각 50%인데, 위의 상황에서는 아직 5번밖에 시행하지 않았다. 시행 횟수가 적으면 결과가 편중될 수 있다.

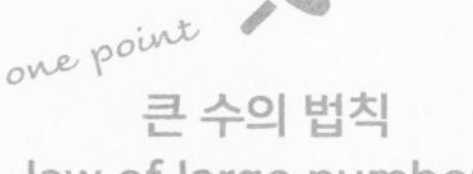

큰 수의 법칙
law of large numbers

통계와 확률 분야의 기본개념 중 하나이다. 시행(동전 던지기 등)을 여러 차례 반복하여 횟수가 늘어날수록 결과는 이론에서 예상하는 평균값(동전 던지기의 경우 1/2)에 가까워진다.

column

No. 03

실패는 성공의 어머니, 사실일까?

실패는 성공의 어머니라고 합니다. 엄밀히 말하면 실패 원인을 분석하면서 의사결정 과정을 하나하나 확인하고 무엇이 잘못됐는지를 직시하고 이해할 수 있다면 다음에는 더 좋은 결과를 얻을 수 있을 것입니다. 예를 들어, 한 기업이 진행해오던 신규 사업이 예상과 다르게 수익이 나지 않는데도 계속 강행했다가 결국은 중단되었다고 가정합시다. 그 당시 신규 사업을 성공시키고픈 사장의 의지가 너무 강했기 때문에 빨리 손을 떼지 못하고 계속 진행한 것은 아닌지, 혹은 프로젝트 담당자가 자신이 내린 판단이 옳다고 믿고 싶어서 결과를 인정하지 않고 계속 진행한 것은 아닌지 등의 가능성을 검증하고, 실패의 원인을 규명하는 것이 중요합니다. 실패의 원인을 주의 깊게 찾아내고 해석하는 과정에서 자신의 능력 부족과 당면 과제를 직면하게 되므로 아무래도 주눅이 들게 됩니다. 그러한 약함을 극복할 수 있는가가 '실패를 성공의 원동력'으로 삼을 수 있는 비결입니다.

chapter

거품 현상은 왜 일어날까?

지금까지 세계 곳곳에서 다양한 거품이 발생했습니다. 행동경제학은 이러한 거품 현상을 설명하는데 도움이 되는 학문 중 하나입니다.

거품 현상이란 무엇인가?

1980년대 일본을 비롯하여 지금까지 세계 곳곳에서 많은 거품 현상이 발생했지만, 전통경제학에서는 이에 대한 설명을 포기해 왔습니다.

거품 현상(bubble phenomenon)은 주식이나 부동산 등의 가격이 논리적으로 설명할 수 있는 수준을 넘어설 정도로 상승하는 경제 현상을 말합니다. 즉, 전통경제학 이론에서 전제한 바람직한 가치(가격)의 수준(공정 가치)을 넘어 한층 더 가격이 상승하는 것입니다. 거품이 발생하면 이윤을 남기려는 욕구 때문에 가격이 상승하고 있는 자산을 사려는 사람들이 많아집니다.

거품은 어떤 상태를 말하는가?

1985년부터 1989년 말까지 일본의 주식과 부동산 거품이 커졌다.
거품 경제의 역사를 봤을 때 3년여 사이에 가격이 3~4배를 넘으면 거품을 의심해 봐야 한다.

왜 거품 현상이라는 말을 쓸까요? 비누를 물에 녹이고 비누액에 빨대를 넣고 입김을 불어 넣으면 뽀글뽀글 거품이 생깁니다. 그러다 어느 정도 부풀어 오르면 갑자기 '팡!'하고 터져 버립니다. 터질 순간을 예상하기는 어렵지요. 주식 시장 거품도 마찬가지입니다. 주식 가격이 이론으로 설명할 수 없을 정도로 힘차게 상승하다가 어느 시점에 갑자기 폭발적인 기세로 가격이 급락해 버립니다. 그래서 거품이라고 합니다.

도대체 거품이란?

● 거품: 실속이 없는데도 크게 팽창된 상태

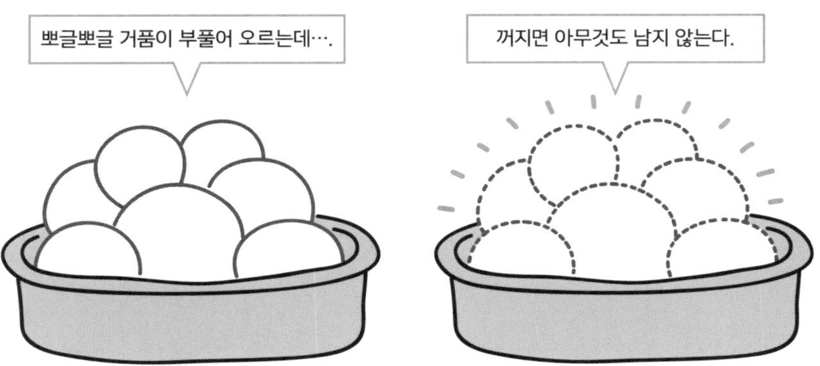

● 80년대 일본의 거품 현상

부동산

일본의 거품 경기가 지속하는 동안 도쿄와 오사카 등의 도시를 중심으로 일본 각지의 부동산 가격이 급상승했다.

주식

1985년 중반 닛케이 평균 주가가 12,800엔대였으나, 1989년 12월 말에는 38,915엔(파장 기준)까지 상승하다 그 후 급락했다.

거품 현상, 개인에게는 영향이 없을까?

거품 현상이라는 말을 들으면 무서운 느낌이 들 수도 있지만, 거품 현상을 대하는 방식에 따라 인생이 크게 달라질 수 있습니다.

거품 현상은 개인의 삶에 무시할 수 없는 영향을 미칩니다. 거품과 잘 어울릴 수 있으면 자산을 늘릴 수 있습니다. 반대로 주가가 가파르게 오르고, 주변 사람들이 '앞으로는 틀림없이 주가가 오를 거야'라며 열광하는 상황에 휩쓸리면 고가에 주식을 매수하게 됩니다. 즉, 높은 가격에 편승하는 것입니다. 그럴 경우 거품이 꺼지면서(붕괴) 큰 손실을 감수해야 할 수도 있습니다.

최고가를 피하려면

거품 현상이 확대되면서 '사면 오른다, 오르니까 사겠다'는 등의 강세 심리가 퍼진다. 거기에 휘말리면, 아무래도 비싼 대가를 치러야 할 가능성이 커진다. 이를 피하려면 주가가 20% 오르면 파는 등 나름대로 규칙을 정해야 한다.

대부분의 사람들이 주식이나 부동산 가격이 설명 할 수 없을 정도로 상승하다가 급락하는 거품 현상에 대처하기 어렵다고 생각하지만 실제로는 그다지 어렵지 않습니다. 주가가 크게 하락할 때는 시기와 금액을 분산하여 주식을 사고, 나중에 상황이 좋아지기를 기다립니다. 주식을 고가로 매수하고 나면 손실에 대한 걱정이 커지면서 이후 투자에 소극적이 되어 자산 형성의 기회를 놓치는 등 인생에 적지 않은 영향을 미칠 수 있습니다.

최저가를 사는 요령

기업의 주요 실적이나 경제 성장률 등을 기본으로 미래 경제 환경이 상향될지 아닌지를 판단하는 것이 중요하다.

● 기업 실적 보기

기업의 과거 실적을 체크함으로써 그 기업이 성장하고 있는지 아닌지, 어떤 단계에 있는지 등을 알 수 있다.

● 당장 달려들지 않는다

주가가 조금 내려갔다고 해도 바닥까지는 아직 멀었을지도 모른다. 당장 달려들지 않도록 조심해야 한다. 투자는 인내심이 중요하다.

● 시장 전체가 많이 하락했을 때 산다

폭락할 때야말로 기회다. 시세가 크게 내린 후에 시간과 금액을 분산하여 사는 것이 바람직하다.

거품 현상은 어디선가 항상 일어나고 있다

1980년대 후반에 '일본 부동산과 주식 가격이 계속 상승할 것이다'라며 근거 없이 과도한 낙관이 있었습니다. 그것이 거품을 일으켰습니다.

거품은 항상 어디에서든 일어납니다. 지금까지도 크든 작든 이론으로 설명하기 어려울 정도로 주식(금융 자산) 가격이나, 부동산(실물 자산) 가격이 크게 상승하는 현상이 있어 왔습니다. 거품이 발생하는 데는 잉여 자금과 성장에 대한 강한 기대감이 작용합니다. 중앙은행이 금리를 인하하여 경제에 자금을 공급하면, 잉여 자금이 발생합니다. 그에 따라 부동산 가격 상승에 대한 기대감이 높아지면서 가격이 상승하기 시작합니다. 그러면 매수가 매수를 불러들이는 강세 심리가 늘어나고 가격이 더 오릅니다. 이것이 거품으로 이어집니다.

키워드는 '잉여 자금'과 '기대 심리'

경기가 악화하는 것을 막으려고 중앙은행이 금리를 인하하면, 시중에 자금이 돌아 잉여 자금이 발생한다. 그것이 성장에 대한 지나친 기대와 낙관론으로 이어질 수 있다.

큰 거품인지 어떻게 판단할 수 있을까요? 주가가 오르기 시작한 지 몇 년 사이에 몇 배로 상승한다면 거품이 부풀었을 수 있습니다. 1985년 초 일본 닛케이 평균 주가는 11,000엔대였으나 1989년 말에는 38,915엔까지 상승했습니다. 이것이 거품 현상입니다. 당시, 일본 부동산과 주식 가격은 앞으로도 계속 상승할 것이라는 신화같은 기대가 강했습니다. 가격이 상승하면 많은 사람이 믿게 되지만 그것이 항상 합당하지는 않습니다.

거품을 부른 토지 신화

4 거품 현상은 왜 일어날까?

행동재무학이 설명하는 거품 현상

행동경제학을 주로 금융 분야에 응용한 행동재무학은 현대 금융시장을 분석하는데 필수적인 이론입니다.

행동경제학의 한 분야인 행동재무학(behavioral finance)은 우리의 마음에 주목합니다. 그 때문에 거품을 예외적인 현상으로 취급하지 않습니다. 실제로 주식 가격은 우리의 기대나 생각에 영향을 받습니다. 투자자가 10명일 경우 공정하고 적정하다고 생각하는 가격 수준도 10가지가 존재합니다. 행동재무학은 일정 기간 수익을 확보해야 하는 투자자들의 책임과 군중 심리의 영향 등을 고려하여 거품 현상을 설명합니다.

주가는 사람들의 생각에 따라 계속 변한다

투자자마다 각자 다른 사고방식이 있다. 사건이나 인수 소문 등 사소한 계기가 군중 심리에 영향을 미쳐 갑작스러운 주가 상승이나 폭락을 일으키는 경우도 있다.

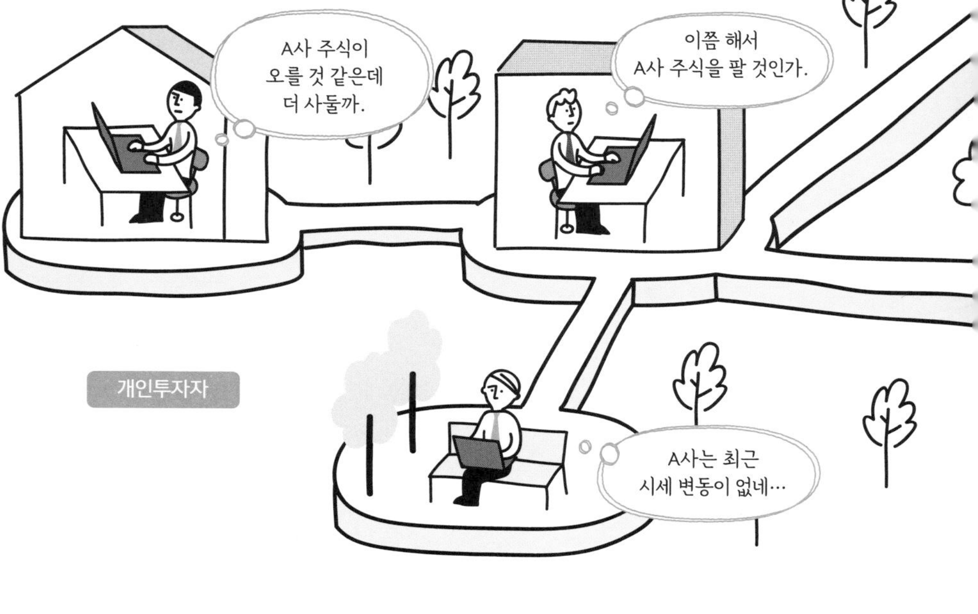

A사 주식이 오를 것 같은데 더 사둘까.

이쯤 해서 A사 주식을 팔 것인가.

개인투자자

A사는 최근 시세 변동이 없네…

전통경제학은 이론적으로 도출되는 공정한 자산 수준이 있고, 일물일가의 법칙에 따라 한 물건의 가격은 하나로 정해져 있다고 생각합니다. 공정 가치는 하나이기 때문에 그 수준을 웃도는 것은 상상할 수 없습니다. 인간은 합리적이고, 시장은 효율적이기 때문에 거품은 있을 수 없는 예외 현상으로 취급되어 왔습니다. 그러나 행동재무학 이론을 바탕으로 생각하면 거품은 결코 예외적인 현상이 아닙니다.

손실을 피하고 싶은 마음

우리는 가능한 한 이익은 빨리 확보하고, 손해는 미루고 싶다고 생각하는 경향이 있습니다. 이 심리를 설명한 것이 전망 이론입니다.

'전망 이론(prospect theory)'은 행동경제학의 핵심 이론으로 '우리는 가능한 한 빨리 이익을 확보하고 싶어 하지만, 손실은 회피하는 경향이 있다'는 것입니다. 주식 투자에서 가격이 오른 주식은 바로 팔아서 이익을 확보하지만, 가격이 떨어진 주식은 당장 팔면 손해가 확정되기 때문에 팔지 못하고 사후 개선을 바라며 계속 보유하는 편향입니다. 이렇듯 이익과 손해에 따라 우리 행동은 달라집니다.

투자자의 심리

비합리적인 투자자의 심리를 전망 이론으로 설명할 수 있다.

주가 상승

이익이 난 경우, 사람들은 발생하고 있는 이익에 쉽게 만족하고 더 이상의 위험을 감수하고 싶어 하지 않는다.

주가 하락

손실이 난 경우, 사람들은 위험에 대한 허용도가 커져 손절매(손해를 감수하고 파는 것)하지 못한다.

손절매가 어려운 것은 오를 줄 알았기 때문에 샀다는 인지와 주가가 하락한 상황의 인지가 대립하기 때문입니다. 이를 해소하기 위해 '조금 있으면 올라간다'고 생각하고 사후 개선을 기다립니다. 하지만 거품이 붕괴하면 인지 부조화를 줄일 틈도 없이 증시 폭락장이 투자자를 덮치고, 공황 상태에 빠진 투자자의 투매가 매도에 불을 붙이면서 주가가 폭락합니다.

투자자의 심리와 거품 현상

● 단순 가격하락일 경우

통상적으로 손실이 발생해도 사후 개선을 기대하며 손절매하지 못한다.

● 거품 붕괴일 경우

파니까 내려가고, 내리니까 파는 연쇄 작용이 벌어지면서 시세 하락에 대한 공포심리가 시장을 덮치고, 팔 수 있는 것은 모두 팔아버리는 투매가 시장 전체로 확산된다.

이익의 기쁨과 손실의 슬픔은 비대칭

이익의 기쁨과 손실의 슬픔을 곡선으로 표현한 가치 함수로 그 차이가 얼마나 큰지 알 수 있습니다.

가치 함수(value function)는 손해와 이익 사이에서 흔들리는 마음을 정확하게 표현합니다. 가치 함수의 가로축은 상대적인 이익(주가가 얼마나 상승·하락하는가)을 나타냅니다. 세로축은 주관적인(자신이 느끼는) 가치(만족감)를 나타냅니다. 원점은 준거점(reference point 사물을 판단하는 기준점)입니다. 이익이 발생하고, 가치도 플러스인 1사분면에서도, 손실이 발생하고 가치도 마이너스인 3사분면에서도 준거점에서 멀어지면 멀어질수록 변화에 따른 민감도가 감소합니다. 이를 민감도 체감성(diminishing sensitivity)이라고 합니다.

돈을 번 기쁨과 돈을 잃은 슬픔

1사분면과 3사분면에서 그래프 모양을 살펴보면, 같은 수준의 손실과 이익이 발생했음에도 가치 변화의 세로축은 손실쪽의 민감도가 크다는 것을 알 수 있습니다. 우리는 이익 증가보다 손실 증가에 민감하게 반응합니다. 이것이 손실 회피(loss aversion)입니다. 1,000원 이익의 기쁨보다 1,000원 손해의 슬픔이 3~4배 더 크다고 합니다.

가치 함수

아래의 가치 함수 그래프에서 나타나듯이 인간은 손실을 피하고 싶다는 의식이 강하다.
행동경제학에서는 이를 '손실 회피'라고 한다.

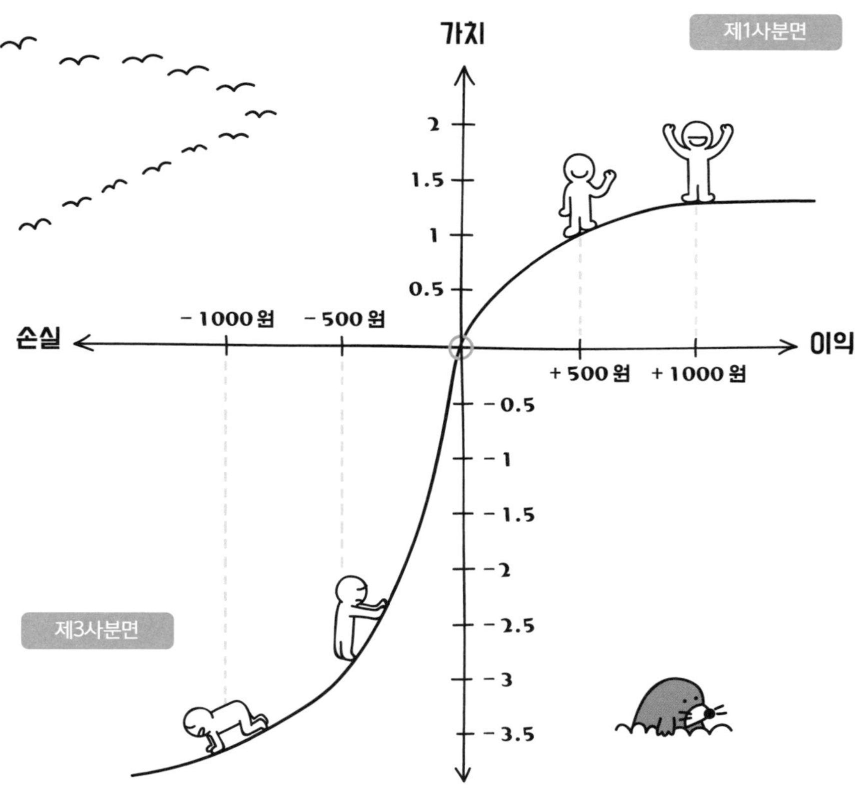

4 거품 현상은 왜 일어날까?

FX 마진 거래를 하고 있지만 전혀 수익이 안 난다면

'FX 마진 거래에 도전했지만, 좀처럼 돈을 벌지 못한다'라는 사람이 많은 것 같습니다. 그것은 다음과 같은 심리가 작용하기 때문입니다.

전망 이론 실험에서 이익 혹은 손실에 따라 위험을 인식하는 방식이 달라지는 것을 보여줬습니다. 이익이 나는 경우, 우리는 위험(불확실성, 예상과 다른 결과를 말함)을 회피하려고 합니다. 1,000원에 산 것이 1,200원으로 상승해 200원의 평가 이익이 발생하면 이익 확정을 우선하여 가격 하락의 위험을 피하려는 것입니다. 반면에 가격이 800원으로 떨어져 손실이 발생하면 사후 개선을 바라는 위험애호적(risk loving)이 됩니다.

FX 마진 거래는 위험도가 높다

● 주식 거래

PER과 PBR 등의 지표에 의해 어느 정도의 이론값이 도출되므로 대략의 공정 가치 산출이 가능하다.

● FX 마진 거래

환율은 단기 변화율이 높고, 프로그램으로 시세 동향을 예측하는 것이 상당히 어렵다.

※ 주식회사와 외국환율 리스크에 관해서는 여전히 다양한 견해가 있다.

이는 FX 마진(foreign exchange margin) 거래로 매매를 많이 하는데 생각보다 수익이 발생하지 않는 상황을 생각하는 데 도움이 됩니다. 유로/달러, 달러/엔 등의 이종 통화를 거래하는 외환 시장은 원래 가격 변동이 격렬한(고위험·고수익) 시장입니다. 이 때문에 조금이라도 이익이 나면 이익을 확정하고 싶은 마음이 강해지기 쉽지만, 예상외 환율 하락으로 평가손실이 발생하면 손절매가 어려워집니다.

FX 마진 거래로 이익을 보긴 힘들다?

one point

반사 효과 mirror effect

이익이 나고 있을 때는 위험 회피적으로 되고, 손실이 있을 때는 오히려 위험 애호적으로 된다. 즉, 이익이 나는 국면에서 손실이 나는 국면으로 바뀌면 의사결정은 마치 거울에 비친 것처럼 정반대가 된다.

실패할 때마다 항상 핑계를 찾는다

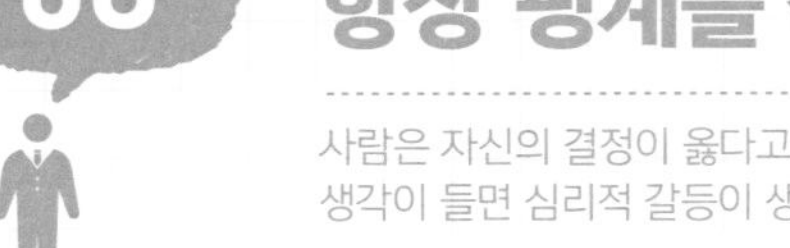

사람은 자신의 결정이 옳다고 믿고 싶어 합니다. 그러다 실패했을지 모른다는 생각이 들면 심리적 갈등이 생기는데, 이를 인지 부조화라고 합니다.

우리가 무언가를 할 때, 자신의 결정이 옳다고 믿고 싶습니다. 주가가 오른다고 확신했는데 결과적으로는 하락했다면, 마음속에서 주가 상승에 대한 기대와 주가 하락에 대한 인식이 대립합니다. 이런 현상을 인지 부조화(cognitive dissonance)라고 합니다. 우리 마음속에서 인지 부조화가 일어나면 그것을 직시하지 않고 시장이 잘못됐다는 식으로 자신에게 편한 변명이나 해석을 찾게 됩니다.

주식 거래에서 인지 부조화의 예

자료 조사, 공부 등 큰 노력을 기울였을 경우, 자기 생각이 강해져 실패를 인정하고 싶어 하지 않는 경향이 있다. 예상과 다른 전개에 직면하면 마음속 갈등이 커지고, 책임을 전가하기 쉽다.

주식의 필승법은 오직 공부뿐!

이만큼 조사했으니 정말 괜찮아!

결과를 기다릴 뿐.

내려가네…

아니, 그럴 리가 없어. 이만큼 공부했다고!

인지 부조화 발생

그렇구나! 참고한 애널리스트의 잘못이구나!

자기 정당화

마음은 핑계를 잘 댑니다. 왜냐하면 실패를 인정하고 싶지 않기 때문입니다. 실패는 자신의 잘못을 인정하게 하고, 그러면 자존심이 상하게 됩니다. 손실이 발생하면 가격 하락의 실패를 인정할 수 없다는 심리적 압박이 추가되고 그 때문에 10,000원의 이익보다는 같은 액수 손실이 더 큰 영향을 줍니다. 손실을 보지 않기 위해 상황을 적당히 해석하고 사후개선을 기다리는 것이 인지상정입니다.

일상 속, 인지 부조화의 예

④

A 씨의 마음에 갈등이 생겼다. '나도 초밥 먹을걸. 아냐, 잘한거야. 초밥은 비린내가 나잖아' 이때 A 씨는 머릿속으로 초밥은 신선하고 맛있는 음식이라는 개념을 비린내 나는 음식으로 바꾸고 있었다. 이렇게 A 씨는 자신의 인지 부조화와 타협을 본 것이다.

맛있다

인지 부조화를 피하려고 자신이 선택하지 않은 것에 관한 긍정적인 정보를 부정적인 정보로 교체하기도 한다.

사람들은 왜 복권을 살까?

우리는 주관적으로 확률을 왜곡해서 생각하기 쉽습니다.
복권을 사는 심리는 결정 가중치로 설명할 수 있습니다.

결정 가중치(decision weight)는 전망 이론에서 중요한 개념입니다. 결정 가중치 그래프의 가로축은 객관적·통계적 확률입니다. 세로축은 주관적인 평가로 수정된 확률인 결정 가중치입니다. 기울기 45° 직선은 왜곡 없는 합리적 가중치입니다. 두 곡선을 보면 객관적으로 낮은 확률이 과대평가되고, 객관적으로 높은 확률이 과소평가되고 있습니다. 전망이론에서는 결정 가중치가 비선형 S자형 곡선처럼 왜곡된다고 생각합니다.

일상 속의 결정 가중치

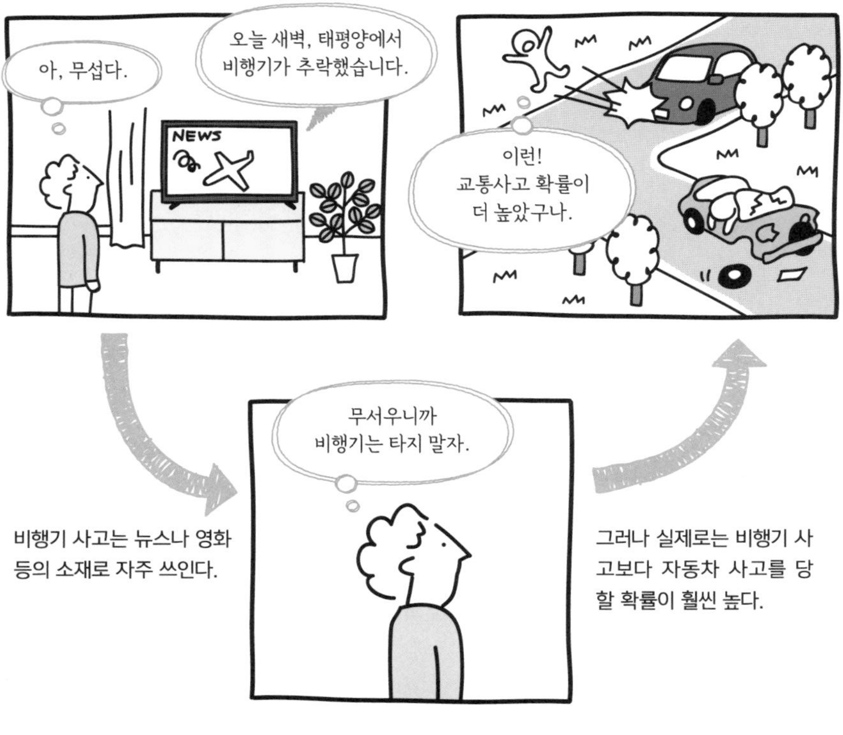

아, 무섭다.

오늘 새벽, 태평양에서 비행기가 추락했습니다.

NEWS

비행기 사고는 뉴스나 영화 등의 소재로 자주 쓰인다.

무서우니까 비행기는 타지 말자.

그러나 실제로는 비행기 사고보다 자동차 사고를 당할 확률이 훨씬 높다.

이런! 교통사고 확률이 더 높았구나.

결정 가중치 그래프를 좀 더 자세히 살펴볼까요? 손실과 이익의 경우로 나누어 보면, 손실이 나는 경우 낮은 확률에 대한 과대평가는 작고, 높은 확률에 대한 과소평가가 작아지고 있습니다. 이익이 나는 경우, 낮은 확률이 과대평가되고, 높은 확률에 대한 과소평가는 커지고 있습니다. 이렇게 우리는 주관에 따라서 확률에 무게를 더해서 평가하고 있습니다.

결정 가중치 그래프

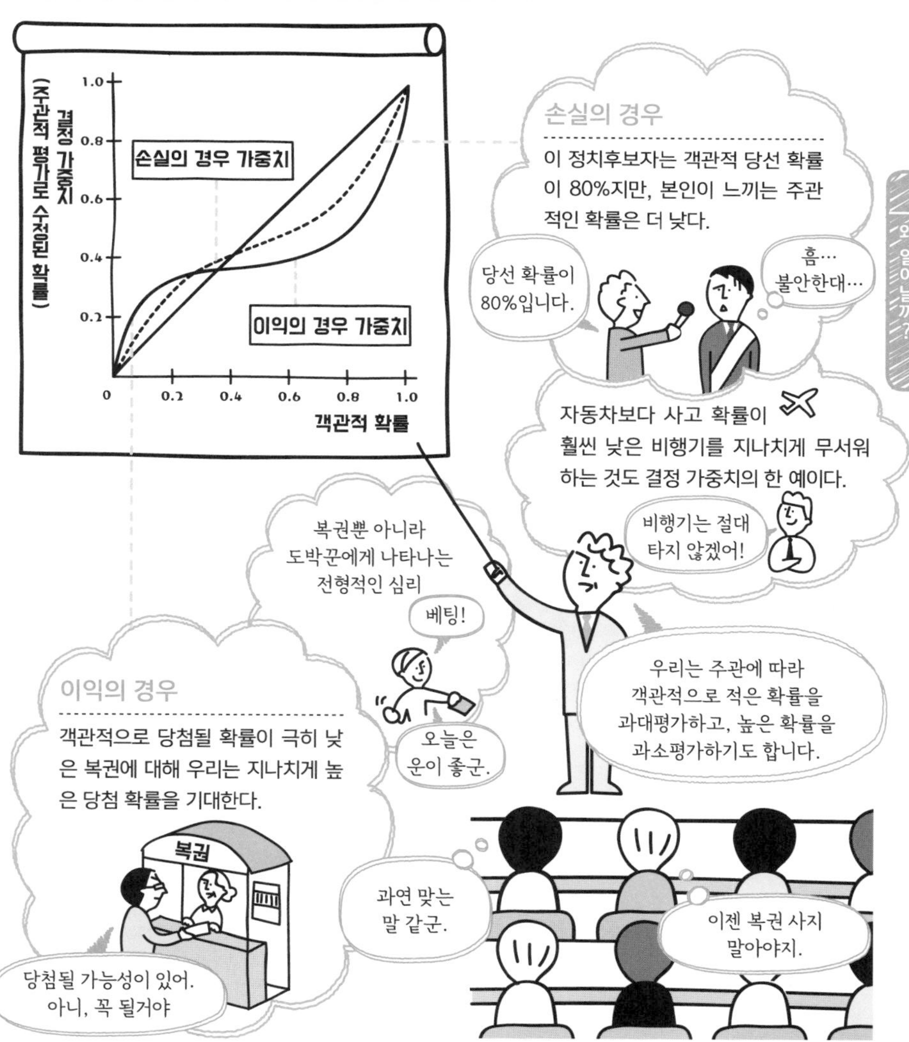

10억 부자를 꿈꾸는 비트코인 붐

인간이 경제 활동이나 재화 거래를 하는 한 거품이 발생할 가능성은 항상 있습니다. 비트코인 열풍도 그중 하나입니다.

2017년의 가상 화폐 시장은 '거품은 어디선가 항상 일어나고 있다'를 증명하는 사례입니다. 2017년 초부터 말까지 가상 화폐의 대표격인 비트코인 가격이 1,000~20,000여 달러까지 크게 상승했습니다. 단기간에 가치가 크게 오른 것은 비트코인의 유용성 외에, 가치 상승을 믿어 의심치 않고 어떻게든 사고 싶어 하는 사람들이 늘어났기 때문일 것입니다. 그 결과 비트코인으로 수십억을 벌었다는 사람들이 등장했습니다.

비트코인의 구조

우리가 평소 사용하는 화폐(현금)는 정부·중앙은행이 발행·관리한다(법정통화). 하지만 비트코인은 공적 관리 주체가 존재하지 않는다(비트코인은 법정화폐가 아니다).

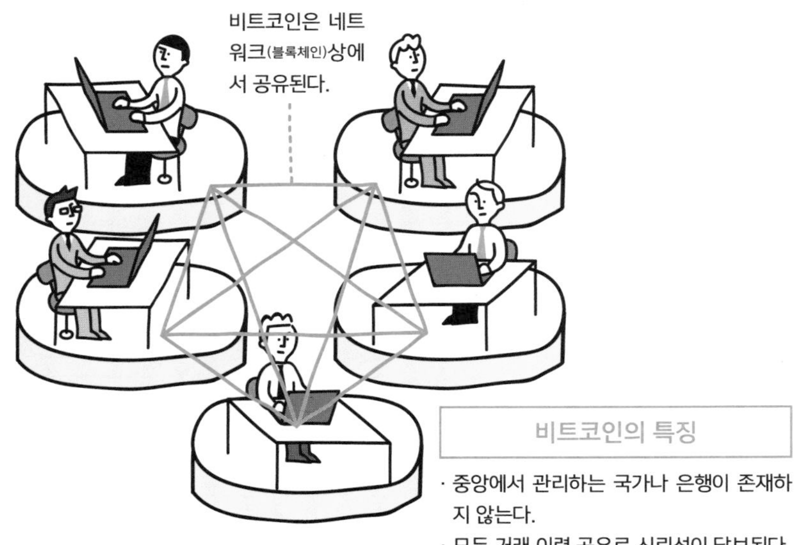

비트코인의 특징

- 중앙에서 관리하는 국가나 은행이 존재하지 않는다.
- 모든 거래 이력 공유로 신뢰성이 담보된다.
- 수수료가 낮고 송금 속도가 빠르다.

2018년에 들어서자 비트코인의 가치는 급락했습니다. 여러 가지 이유가 있겠지만, 지나치게 높은 가격 수준에 대한 경계감 때문에 매물이 나오기 시작했고, 매물이 매도를 불러 가치가 급락한 측면이 커 보입니다. 중요한 것은 이례적인 수요 증가가 가치를 급등시키면서 거품으로 연결될 가능성이 있는 것입니다. 특히 비트코인처럼 공정 가치 산출이 매우 어려운 재화도 거품이 발생하고, 우리 행동에 영향을 줄 수 있습니다.

급격한 수요의 증가가 거품을 발생시킨다

● 17세기 네덜란드에서 발생한 튤립 거품

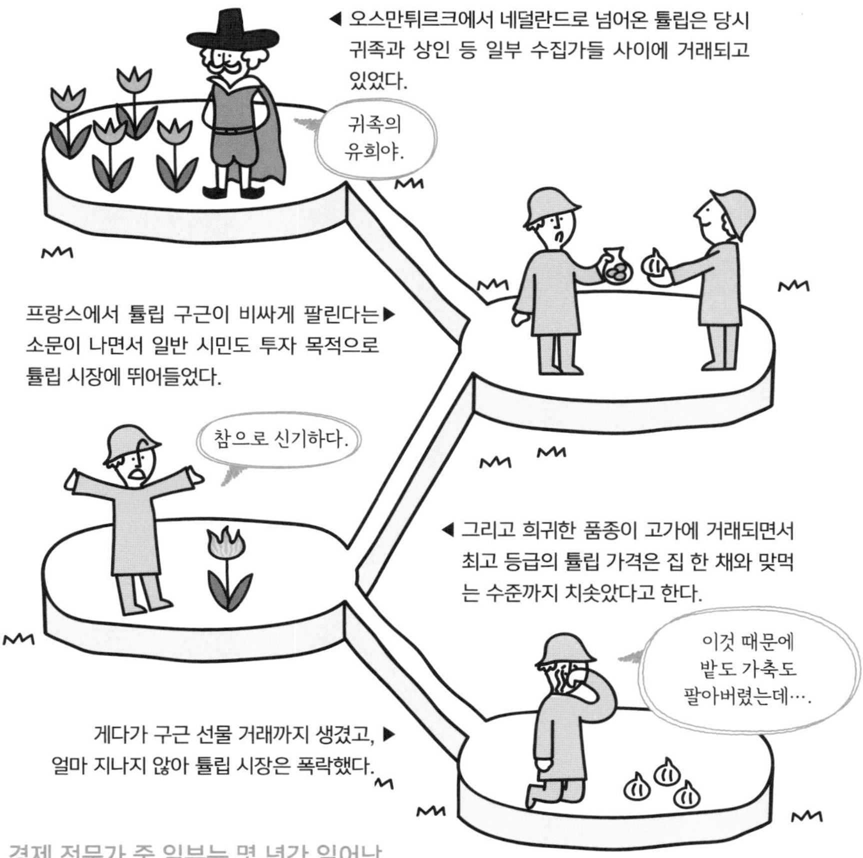

경제 전문가 중 일부는 몇 년간 일어난 비트코인 붐을 '마치 튤립 거품 현상 같다'라고 평하기도 했다.

column No. 04

투자의 필승법이 있을까?

'절대 손해를 안 보고 돈을 벌 수 있는 투자 방법이 있습니까?'라는 질문을 받는 경우가 있습니다. 답은 없습니다. 하지만 투자의 철칙은 있습니다. 그것은 가격이 쌀 때 사고, 비쌀 때 파는 것입니다. 즉, 주가가 급락하거나 거품이 붕괴할 때 사는 것이지요. 그럼에도, 어느 시대에나 투자 필승법 등의 내용을 다룬 책들은 많이 나옵니다. 그만큼 요구(수요)가 있다는 것이겠지요. 우리는 '손해를 보지 않고 반드시 돈을 번다'는 메시지에 약합니다. 그 사실은 어느 시대라도 변하지 않을 것 같습니다. 특히, 그에 상응하는 거품이 부풀어 있다고 가정할 경우 이전까지는 투자 관련 테마를 취급하지 않았던 여성잡지 등에서도 투자의 필승법을 전수하는 특집을 싣고, 여기저기 투자 관련된 세미나들이 생겨납니다. 그러나 달리 말하면 이는 높은 가격에 투자를 시작하려는 사람이 증가하고 있다는 신호일 수 있습니다.

chapter

일상생활에 유용한 행동경제학

심리학을 응용한 행동경제학은 '눈치채기' 학문이기도 합니다. 행동경제학의 이론은 우리의 일상에서도 폭넓게 응용할 수 있습니다.

전하고 싶은 말을 제일 먼저 한다

비즈니스 관계뿐만 아니라 일상생활 속에서도 외모나 말투 등 초두 효과가 큰 영향력을 발휘합니다.

첫인상이 강한 영향을 미치는 것을 초두 효과라고 합니다. 주어지는 정보의 양이 증가하면 집중력이 점점 떨어지고, 나중에 접한 정보에 대해서는 크게 주의를 기울일 수 없게 됩니다. 초두 효과의 강력한 힘을 발휘해 보고 싶다면 대화 상대에게 전하고 싶은 말을 제일 먼저 함으로써 강한 인상을 남기는 것입니다. 그러면 상대방이 나의 바람에 따라 행동해 줄 가능성이 커집니다.

취업준비생은 첫인상이 매우 중요하다

사람의 첫인상은 순식간에 결정된다고 한다 (*이에 대해서는 여러 의견이 있음).

● 초두 효과를 높이는 포인트 5

사람의 외형에서 다음의 5가지 요소가 가장 인상적이라고 한다. 취업준비생뿐만이 아니라, 영업직 등 사람과 접하는 업무가 많은 직업 종사자들도 알아두면 좋다.

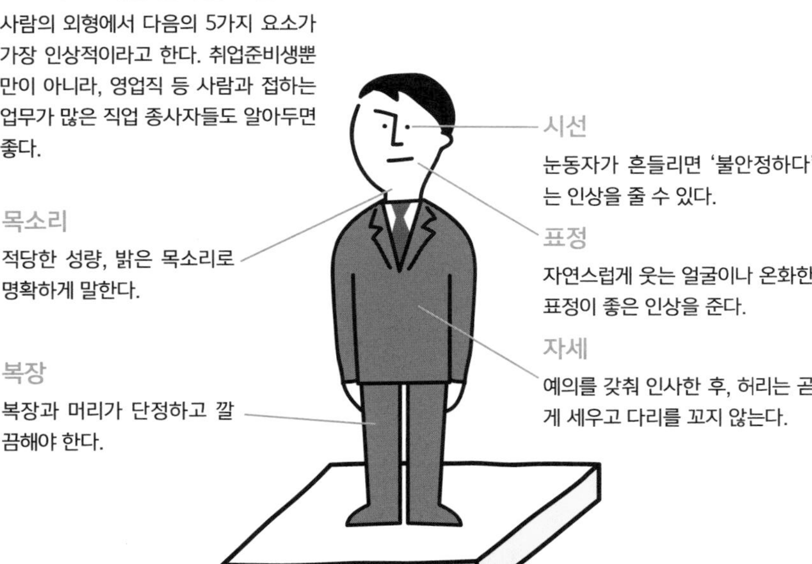

취업준비생들과 대화를 해보면 외모에 매우 신경을 쓰고 있다는 것을 알 수 있습니다. 그들의 관심은 머리를 짙게 염색하고, 피어싱 구멍을 가리는 것만은 아닙니다. 기업을 방문할 때 비즈니스 배낭을 메고 가도 되는지, 정장 구두 대신 로퍼를 신어도 되는지 등에 대한 다양한 조언들이 각종 매체에서 다뤄지기도 합니다. 초면에 '이 사람 별론데…'라는 인상을 주고 싶지 않아 신경을 쓰는 것은 초두 효과가 일상의 특정 부분에서 큰 영향을 미치고 있다는 것을 증명합니다.

영업도 초두 효과가 중요하다

영업사원은 회사의 얼굴이라고 알려져 있듯, 초두 효과가 만드는 영업사원의 이미지는 상품과 회사에 큰 영향을 끼친다.

첫인사는 밝고 청량한 목소리로. 첫인상이 좋으면 상대방은 당신의 좋은 점을 찾게 된다.

상대방에게 상담을 시작하면서 서두에 상품의 적합성과 장점을 전달하면 상대도 더 들어보고 싶다고 생각할 것이다.

참고로, 관심이 적은 상대에게는 초두 효과가, 관심이 많은 상대에게는 최신 효과(p66 참조)가 유효하다. 특히 초면인 사람과 상담이나 협상을 하는 경우에는 상대방의 성품이나 취향 등 수집 가능한 정보를 모아두면 도움이 된다.

좋은 소식, 나쁜 소식 어떤 걸 먼저 전할까?

초두 효과는 타인에게 주는 인상뿐 아니라, 자신의 의사결정에도 영향을 미칠 수 있습니다.

초두 효과는 사람 간의 소통 외에도 일상생활의 많은 부분에서 우리의 의사결정에 영향을 줍니다. 개인투자자들이 주식에 투자하는 경우를 생각해 봅시다. 'A기업의 매출은 50% 늘었고, 영업이익은 전년보다 줄었다'와 'A기업의 영업이익은 전년보다 줄었고, 매출은 50% 늘었다' 둘 다 같은 상황을 설명하고 있지만 매출이 증가한 것을 먼저 설명하는 편이 더 좋은 인상을 줄 때가 많습니다.

개인투자자는 기업의 실적을 어떻게 평가하는가?

내용은 같아도 초두 효과에 따라 다른 인상을 줄 수 있다.

처음 들은 정보는 인상적이지만 그 후에 이어지는 정보에 대해서는 주의가 산만해지는 경향이 있다.

초두 효과로 인해 A가 괜찮은 기업이라고 생각하기 시작하면 그 주식을 사고 싶은 마음이 강해질 것입니다. 하지만 영업이익이 감소하는 원인을 충분히 확인하지 않은 채 주식을 사면, 나중에 손해를 볼 수 있습니다. 따라서, 초두 효과가 우리의 의사결정에 영향을 미칠 수 있다는 것을 염두에 두는 것이 좋습니다. 그래야 판단의 실수를 줄일 수 있습니다.

국가도 움직이는 인상의 위력

인상의 힘이 기업뿐만 아니라 국가를 움직인 경우도 있다. 1960년 미국 대통령 선거에서 공화당 후보 닉슨과 민주당 후보 케네디 간의 대역전극이 벌어졌다.

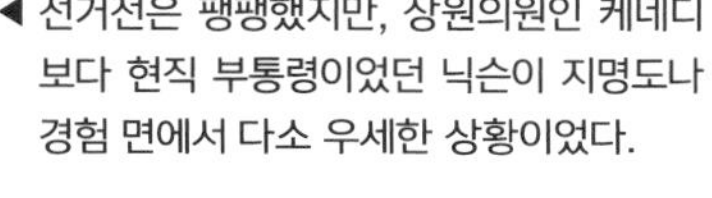

◀ 선거전은 팽팽했지만, 상원의원인 케네디보다 현직 부통령이었던 닉슨이 지명도나 경험 면에서 다소 우세한 상황이었다.

하지만 TV 공개토론에서 닉슨은 메이크업을 거부했지만, 케네디는 TV 방송에 맞춘 메이크업으로 '젊고 활력 넘치는 리더'라는 인상을 심어줬다. ▶

◀ 결과적으로 그때의 인상이 선거전의 판도를 바꾸면서 케네디가 승리하였고, 제35대 미국 대통령으로 취임하였다. 이로 인해 대통령 후보들의 TV 출연 중요성에 대한 인식이 높아졌다.

프레젠테이션에서는 전달하고 싶은 것을 하나로 좁힌다

사물을 대략 파악하는 '단순화'는 상대에게 핵심을 정확히 전달할 때 도움이 됩니다.

단순화는 일을 대략 통합해서 잡기 때문에 때로는 중요한 포인트를 간과하여 오판의 원인이 될 수도 있습니다. 하지만 단순화의 기능에 주목하면 말하고 싶은 것을 정확하게 상대에게 전달할 수 있습니다. 특히, 프레젠테이션은 전달하고 싶은 것을 하나로 좁혀 부각하는 것이 효과적이라고 생각합니다.

단순화 프로모션의 강점

단순화는 문자나 말에 의한 정보뿐만 아니라 시각 정보에서도 힘을 발휘한다.

문자 정보로 홍보

정보가 문자로만 구성되어 있으면, 상대방은 가장 중요한 핵심 내용이 무엇인지 이해하기 위해 고심하게 되고 이는 스트레스로 이어진다.

영상 정보로 홍보

영상 등 시각 자료를 활용한 프로모션은 직감에 호소하는데 효과적이다.

예를 들어 요즘 경기가 좋다는 것을 설명하려고 합니다. 경기를 구성하는 요소를 생각해보니 주가, 고용, 기업 실적, 소득 등 끝이 없고, 그 내용을 전부 전달해야 한다는 생각이 강해집니다. 이때, '경기가 좋은 것은 GDP 성장률이 플러스인 것'이라고 논점을 좁히면 어떨까요. GDP가 무엇인지 간단히 정의하고 실제로 현재 어떤 상황인지 구체적인 예를 들어가며 설명함으로써 듣는 사람의 이해를 높일 수 있습니다.

단순화 프레젠테이션의 장점

프리젠테이션은 논점을 좁히는 것이 중요하다. 그럼으로써 상대방에게 보다 알기 쉽고, 짧게 요점을 전달할 수 있다.

● 단순화를 하지 않으면

● 단순화를 이용하면

최후의 순간에는 직감, 과연 최선일까?

이전 주제에서 언급한 바와 같이 '단순화'는 잘못된 판단의 원인이 될 가능성도 있지만, 결국 마지막은 '직감'에 의지할 수밖에 없는 것도 있습니다.

우리는 의사결정을 할 때, 좋은 결과를 내고 싶어 하며 시간과 노력을 들여 준비합니다. 그렇지만 실행을 할지 말지를 결정하는 마지막 순간에는 직감에 맡기고, 논리보다 감정을 중요시 하는 경우가 적지 않습니다. 2018년, 일본의 대형 마켓플레이스 앱 기업인 메르카리(Mercari)가 신규 상장하였습니다. 한 베테랑 매니저에게 그 주식을 샀는지 물어봤더니 "여러 가지를 조사했지만, 마지막에는 직감을 따랐습니다. 샀지요." 라고 대답 했습니다. 이런 사례는 적지 않습니다.

논점을 좁힌다

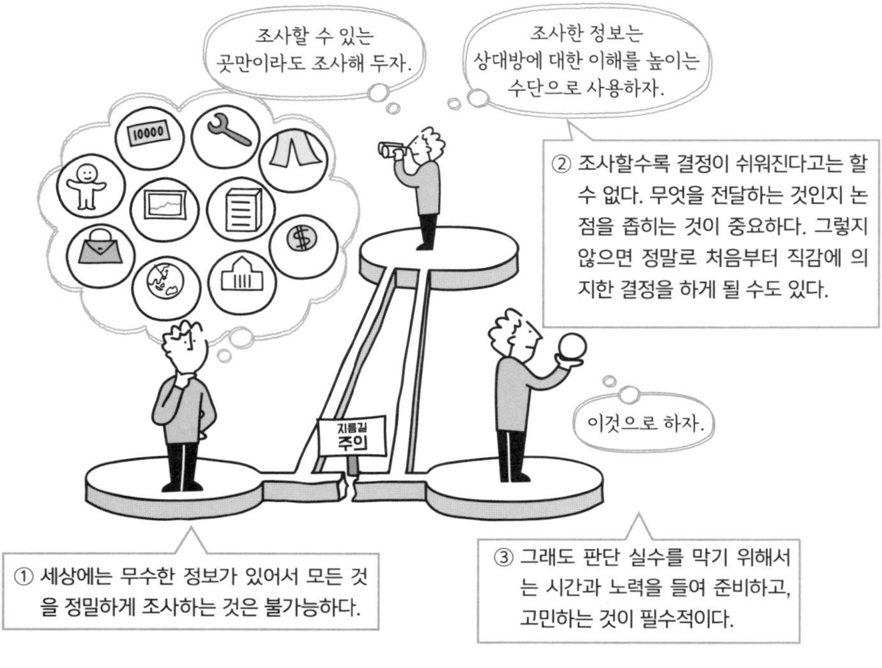

조사할 수 있는 곳만이라도 조사해 두자.

조사한 정보는 상대방에 대한 이해를 높이는 수단으로 사용하자.

10000

지름길 주의

이것으로 하자.

② 조사할수록 결정이 쉬워진다고는 할 수 없다. 무엇을 전달하는 것인지 논점을 좁히는 것이 중요하다. 그렇지 않으면 정말로 처음부터 직감에 의지한 결정을 하게 될 수도 있다.

① 세상에는 무수한 정보가 있어서 모든 것을 정밀하게 조사하는 것은 불가능하다.

③ 그래도 판단 실수를 막기 위해서는 시간과 노력을 들여 준비하고, 고민하는 것이 필수적이다.

이는 여러 가지를 살펴봐도, 마지막에는 직감에 의해 의사결정이 이루어지는 좋은 예입니다. 메르카리 기업의 성장에 대한 기대가 크다고 하지만 과연 그럴 지는 알 수 없습니다. 개인이든 기업이든 새로운 계획을 추진하면 그 결과를 정확하게 예측할 수는 없습니다. 그래서 결국, 직감에 의지할 수밖에 없기도 합니다. 그 때 판단 실수의 여지를 줄이기 위해서는 준비를 게을리 하지 않고 가능한 한 모르는 것의 수를 줄여야 합니다. 그것이 직감에 의지한 판단의 결과를 좌우한다고 생각합니다.

마지막에는 직감에 의지할 수밖에 없기도 하지만…

■ 항상 합리적이진 않다

기업과 개인 모두 경제활동에서 실패나 낭비 없이 '항상 합리적인 의사결정'을 내리는 것은 불가능하다. 실패를 줄이는 유일한 방법은 더 많은 정보와 데이터를 바탕으로 다양한 가능성을 검토하는 것이다.

예상 외 결과를 노리는 심리

경마에서는 우승 확률이 낮은 복병마에 대한 베팅이 객관적인 확률에 비해 많은 것으로 알려져 있습니다.

우리는 객관적인 확률이 낮은 것에 과도한 기대를 품기도 합니다. 경마에서 특히 이러한 경향이 잘 드러납니다. 객관적으로 우승 확률이 낮은 복병마에 대한 베팅이 상당히 많고, 우승 확률이 높은 인기마에 대한 베팅이 적은 현상을 복병마 편향이라고 합니다. 이는 결정 가중치를 실감할 수 있는 좋은 예입니다.

복병마 편향 심리 ①

마권을 사는 사람들 사이에서는 종종 복병마(이길 확률이 낮은 말)에 대한 선호도가 과도하게 높아져서 인기마(이길 확률이 높은 말)에 대한 선호도가 예상보다 낮아지는 경우가 있다.

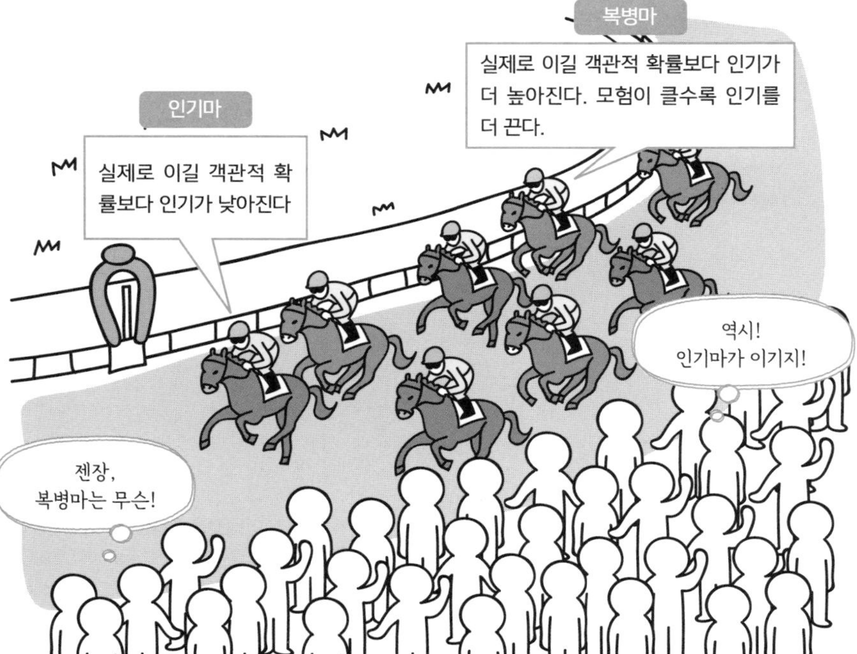

2009년 일본 경마 데이터 분석 회사가 경마 베팅으로 얻은 약 160억 엔의 소득을 은닉한 혐의로 적발되었습니다. 이 회사는 출주마의 혈통, 기수의 성적 등의 데이터를 바탕으로 경마에서 가장 적중이 어려운 1, 2, 3 착마를 순서대로 맞히는 삼쌍승식 베팅방식으로 대량의 마권을 사들였습니다. 아마도 승률이 낮은 말에 더 많은 베팅을 걸고, 예상 배당금이 베팅 액수를 웃돌도록 계산했을 것입니다. 이익을 취할 목적으로 복병마 편향을 이용한 것이지요.

복병마 편향 심리 ②

그날 베팅 수지가 적자일 경우 한 방 뒤집기를 노리겠다는 심리가 강해져 복병마에게 베팅을 시도할 수 있다. 즉, 경마에서 우리는 위험 애호적으로 행동할 수도 있는 것이다.

결정 가중치

확률이 높은 경우보다 낮은 경우에 상대적으로 높은 가능성을 느낀다. (p94참조)

왜 도박을 끊지 못할까?

이미 지출하여 어떠한 의사결정을 해도 회수할 수 없는 비용을 매몰 비용이라고 합니다. 도박에 중독되는 심리를 매몰 비용 효과 이론으로 설명할 수 있습니다.

과거에 지출하여 회수할 수 없는 비용(금전, 시간, 노력 등) 회수에 집착하는 심리를 매몰 비용 효과(sunk cost effect)라고 합니다. 이런 심리가 반영된 유명한 사례가 있습니다. 영국과 프랑스가 공동 개발한 초음속 여객기 콩코드는 당초부터 수익성이 낮다는 비판이 있었습니다. 그러나 투자 대비 수익에 미련을 버리지 못한 사업주는 운항을 계속했고 2000년의 추락 사고를 발단으로 운항을 중단하게 됩니다.

콩코드 여객기의 발자취

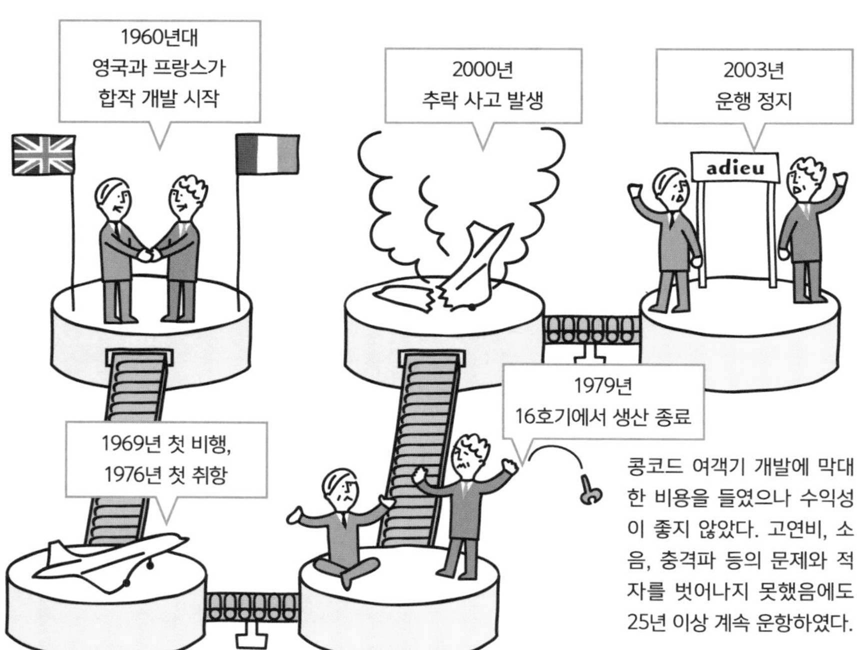

콩코드 여객기 개발에 막대한 비용을 들였으나 수익성이 좋지 않았다. 고연비, 소음, 충격파 등의 문제와 적자를 벗어나지 못했음에도 25년 이상 계속 운항하였다.

합리적으로 생각하면, 이론에 근거하여 수익이 전망되지 않는 사업은 중단해야 하지만 마음이 이를 방해합니다. 도박도 좋은 예입니다. 항상 지면서도 도박장을 찾는 사람들은 '일단 시작했으니 본전이라도 꼭 회수해야지'라고 생각합니다. 도박으로 써버린 비용은 되찾을 수 없는 매몰 비용입니다. 그럼에도 돌아오지 않는 매몰 비용을 회수하려다가 도박에 빠져드는 것입니다.

기업의 매몰 비용 사례

'여태까지 써 온 돈과 시간을 생각하면 간단히 물러설 수 없다…' 그 마음은 이해하지만, 용기 있는 포기가 필요한 경우도 있다.

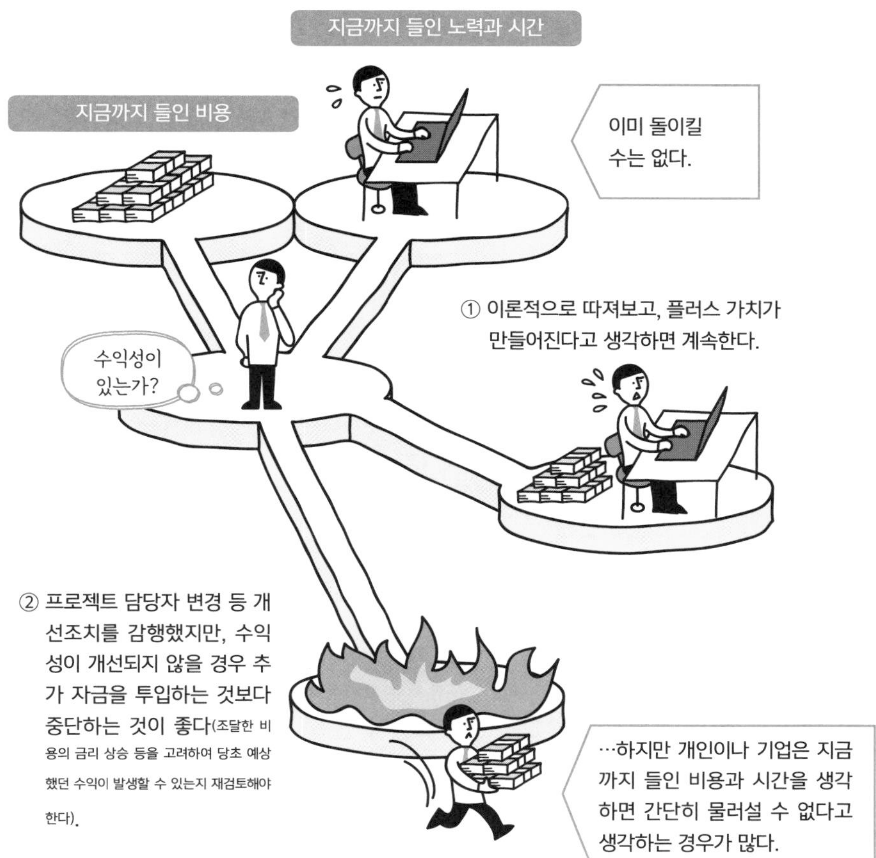

기업이 잘못된 판단을 내리는 이유

집단의 일원이 되었을 때, 혼자라면 하지 않았을 잘못된 판단에 홀려버리는 경우가 있습니다.

혼자 있는 것과 달리 많은 사람과 함께 행동하게 되면 주변의 움직임에 동조하기 쉽습니다. 왜냐하면 집단 안에서 고립되는 것은 심리적인 스트레스를 낳기 때문입니다. 그 결과 조직 단위에서 적절한 판단이 내려지지 않고 실수나 문제, 사고로 이어지는 경우가 있습니다. 기업 내부에서 발생하는 불상사들의 배경에는 집단사고(groupthink)의 함정이 영향을 주고 있다고 볼 수 있습니다.

집단사고가 의심되는 8가지 증상

미국 예일대학교 연구 심리학자 어빙 재니스(Irving Janis)는 미국 사회에서 발생한 정책적 판단 오류를 분석함으로써 집단 심리 경향을 모델화했다. 이에 따르면 집단사고의 함정은 8가지로 나눠 생각할 수 있다.

사회 초년생 때 선배로부터 '긴 것에는 감겨라'라는 말을 들은 적이 있습니다. 상사나 영향력이 강한 사람과는 싸우지 말고 순순히 따르는 편이 경력상 낫다는 조언이었습니다. 그래서 때로는 틀렸다고 생각하는 일도 지적하기 어려웠습니다. 이는 집단사고의 함정을 만드는 원인이 되고, 조직 전체 의사결정의 오류로 이어집니다. 양식 있는 행동을 바탕으로 옳다고 생각하는 의견을 개진하는 것이 역시 중요하다고 생각합니다.

집단사고의 함정을 피하기 위한 대책

① 이론이나 의심의 표명을 권장한다. ② 리더는 자신의 주관적 의견을 삼간다.

③ 외부 전문가의 의견을 구한다.

④ 비판적으로 검증하는 것이 중요하다. ⑤ 합의를 서두르지 않고, 재검토의 시간을 확보한다.

선택지가 많으면 결정이 힘들다

선택지가 많을수록 자유도가 높고 만족을 얻을 수 있다고 생각하지만,
사실 너무 많은 선택지는 우리에게 스트레스를 줍니다.

선택지가 많아질수록 하나를 선택하기가 더 어려워지게 됩니다. 마음대로 선택한다고 해도 선택사항이 적은 경우 대비 만족감이 높아지는 것은 아니라고 합니다. 이것이 선택의 역설(paradox of choice)입니다. 일반적으로 선택지가 많을수록 자유도가 높다고 생각하지만, 고르기 위해 비교할 대상도 많고, 어떤 선택이 정말 만족감을 높일지 의구심도 듭니다. 다양한 선택지를 비교하고, 고르기 시작하면 고민이 끝도 없습니다.

선택의 폭이 넓으면 스트레스를 받는다

인간은 선택의 여지가 많으면 실패나 후회를 두려워하여 마음에 망설임이 생기고, 무력감을 느끼게 되는 경우가 있다.

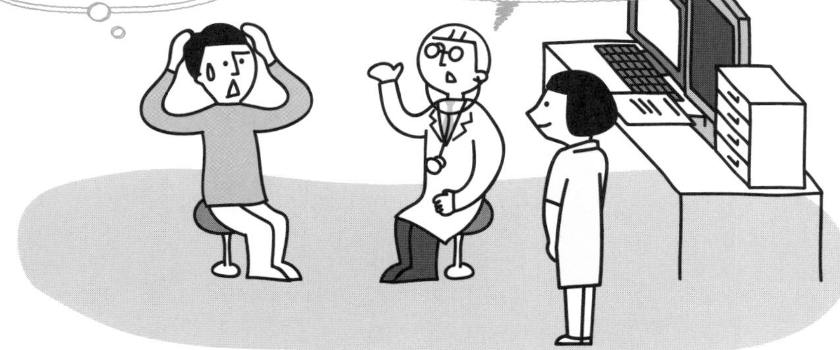

…고민 끝에 선택지를 결정해도, '선택하지 않은 선택지가 더 좋았던 것 아닌가?'라는 후회가 들거나, 선택한 선택지에 대한 불만이 생기기도 한다.

친구들과 식사하러 가는 장면을 상상해 보세요. 친구 A가 "나는 아무거나 다 좋아"라고 합니다. 그랬더니 친구 B가 "아무거나 다 좋긴 하지만……" 친구 B는 마음속으로 '나는 중식을 원하지만 친구 A는 패스트푸드를 원할지도 모르는데, 의견을 말했다가 나중에 욕먹긴 싫어'라며 이것저것 생각하다가 "그냥 네가 정해"라며 결정을 미룹니다. 이런 상황을 많은 사람이 경험해 봤을 것입니다.

잼 선택의 법칙

미국 컬럼비아 대학교 심리학자 쉬나 아이엔가(Sheena Iyengar)는 슈퍼마켓 식품매장에 24종류의 잼 시식대와 6종류의 잼 시식대를 몇 시간마다 번갈아 설치하고 고객 반응을 관찰하는 실험을 했다.

실험 결과 두 시식대 잼을 시식한 사람 수는 비슷했으나, 6종류 잼 시식대의 경우는 30%가 구매한 반면, 24종류 잼 시식대의 경우는 3%밖에 구매하지 않았다. 단, 선택하는 대상물이나 사람의 취향, 성격 등에 따라 다른 결과가 나올 수도 있다. 이 점에 관해서는 연구가 계속되고 있으며 다양한 견해가 존재한다.

성공과 실패의 원인을 찾는 방식

성공이나 실패를 했을 때 그 원인을 어디에서 찾느냐에 따라 이후의 생각과 행동은 달라집니다.

귀인 이론(attribution theory)이란 우리가 어떤 사건의 성공과 실패의 원인을 찾는 방식에 대한 이론입니다. 어떤 사건의 원인을 찾고자 하는 마음이 생기는 이유는 우리에게 주위 상황을 자기 생각대로 통제하고 싶은 욕구가 있기 때문입니다. 이 욕구를 충족하기 위해서 때로는 사실과 다른 인과관계를 생각하는 경우가 있습니다. 친구와 둘이 동업을 했다가 실패했다면 그 원인을 무엇이라고 생각할까요?

우리는 자기에게 유리하게 해석하는 경향이 있다

인간은 통제할 수 없었던 것은 타인이나 상황 탓으로,
잘한 일은 자기 공으로 생각하는 경향이 있다.

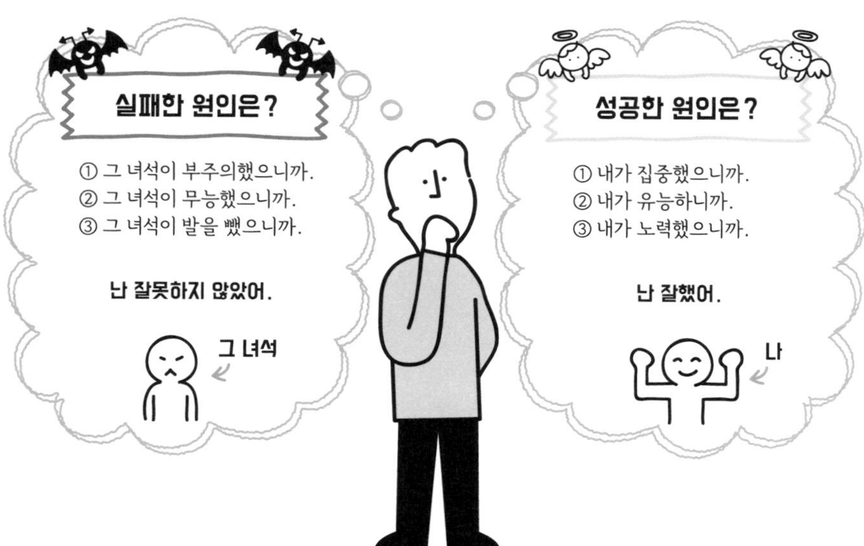

누군가가 실패하면 그 사람의 실력이 부족했기 때문이라고 흔히들 말합니다. 그 사람의 경영 감각과 능력을 실제로 평가하려면 상당한 시간을 두고 자세히 확인해야 합니다. 그러나 우리는 신속하고 이해하기 쉽게 상황을 파악하고, 기분이 개운해지길 바랍니다. 이것이 귀인 이론에 근거해 일의 원인과 결과를 파악하는 마음입니다. 올바른 이해인지 아닌지는 별개의 문제입니다. 하지만 성공과 실패의 원인을 어디에서 찾는가는 우리의 성장을 위해 중요합니다.

귀인 이론의 4가지 패턴

사회심리학자 버나드 와이너(Bernard Weiner)는 인간이 생각하는 성공과 실패의 원인은 어디에서 귀인하는가에 관한 모델을 만들었는데, 다음 4가지 패턴으로 분류할 수 있다. ① 스스로 통제 가능하고 안정, 원인은 '능력', ② 통제 가능하나 불안정(항상 일정한 레벨을 유지하기 어렵다), 원인은 '노력', ③ 통제 불능이나 안정, 원인은 '일의 난이도', ④ 통제불능이고 불안정, 원인은 '운'

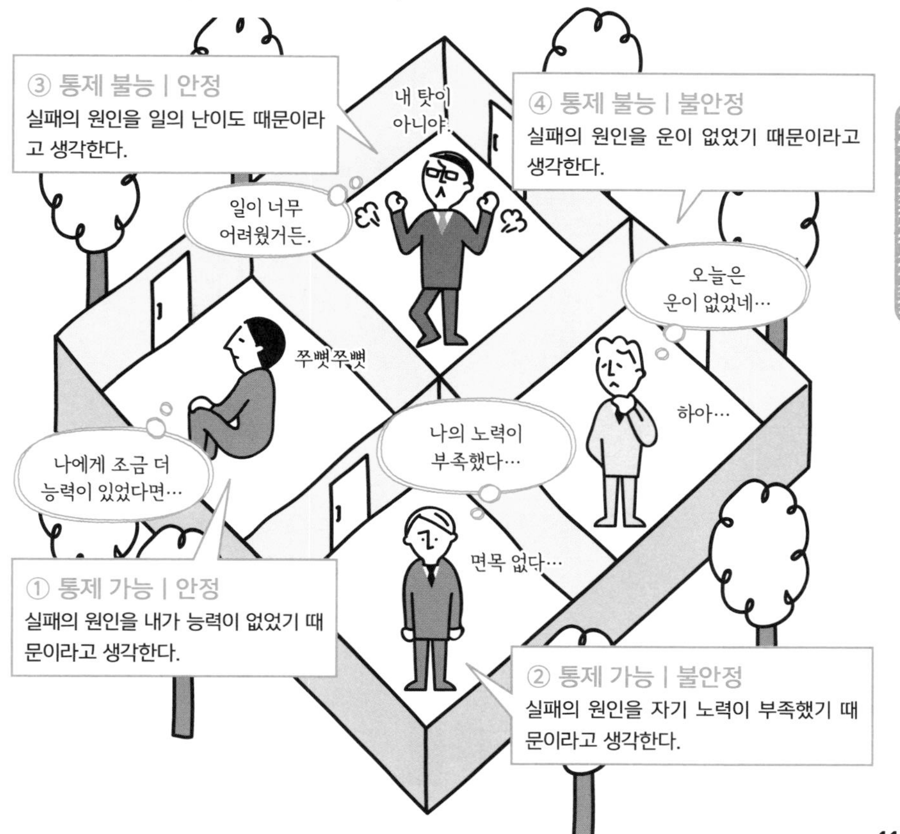

경험이 합리적 판단을 방해한다

우리가 미래를 예측하려고 할 때 과거의 경험에 의존하기 쉽습니다. 하지만 경험이 합리적인 판단을 방해하는 경우도 있습니다.

우리가 미래 상황을 예측할 때 어떻게 할까요. 대부분 과거의 경험이나 실적을 바탕으로 추측하는 것이 일반적입니다. 이를 인과관계 과대평가라고 합니다. 과대평가라고 하는 이유는 과거의 실적이나 경험한 내용이 향후 변화의 원인이 된다고는 할 수 없기 때문입니다. 동시에 경험의 인과관계를 부정하는 것도 아니기 때문에 경험한 내용이 앞으로도 같은 패턴으로 일어날지 여부는 신중하게 생각해야 합니다.

인과관계 과대평가

예상지 Ⓐ는 최근 두 번의 경기를 잘 맞췄지만 Ⓑ는 그렇지 못했다. 그러나 그 정보만으로 Ⓐ가 우수하다고 판단하기는 이르다. 이를 인과관계 과대평가라고 할 수 있다.

불확실한 미래를 정확하게 예측할 수 없기 때문에 복수의 시나리오를 생각해 둬야 변화에 적응하기 쉬워집니다. 문제는 다양한 시나리오를 그리려면 시간이 오래 걸리므로 경험을 바탕으로 미래를 예측하는 것이 가장 빠릅니다. 하지만 경험이 합리적인 판단을 방해할 가능성이 있음으로 주의해야 합니다.

인과관계 과대평가에 어떻게 대응할 것인가

● 미래를 정확하게 예상하기는 불가능

● 일상 속 인과관계 과대평가

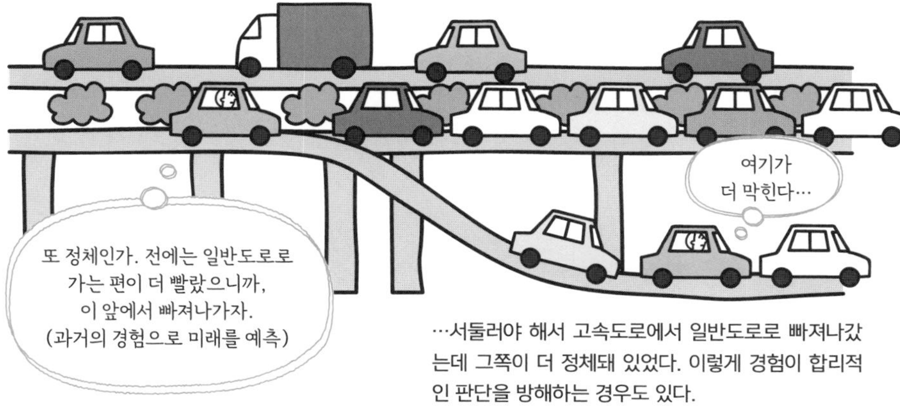

…서둘러야 해서 고속도로에서 일반도로로 빠져나갔는데 그쪽이 더 정체돼 있었다. 이렇게 경험이 합리적인 판단을 방해하는 경우도 있다.

합리적일 수 없는 마음의 회계 처리

비록 같은 금액이라도 상황에 따라 비싸게 느끼거나 싸게 느끼는 경우가 있습니다. 우리의 마음 회계는 항상 흔들립니다.

마음은 항상 요동칩니다. 4,000원짜리 커피가 싸다고 느낄 때도 있고 비싸다고 느낄 때도 있습니다. 느낌의 차이를 만들어내는 것이 심리 회계(mental accounting)입니다. 심리 회계란 의사결정을 할 때 개별 거래 비용을 각각에 대응하는 '심리 계정 과목'에 기재하는 것입니다. 4,000원짜리 커피가 적정하다고 느꼈다면 마음 장부에 '갈증을 해소하다'라는 계정 과목이 기재되어 있고, 그 값이 4,000원으로 추산되고 있는 것입니다.

비합리적인 심리 회계의 예

심리 회계는 금전 지출과 관련된 경제 활동을 평가하고 관리하는 우리의 인지작용이다.

싼 물건과 비교할 때는 2,000원짜리 오이가 비싸다고 느끼고, 비싼 물건과 결합하면 25만 원을 싸다고 느낀다.

심리 회계는 합리적이지 않은 의사결정의 원인이 될 수 있습니다. 어느 기업에서 프로젝트 X와 Y를 진행한다고 합시다. 사장이 발의한 X는 손실이 발생하고 개선 전망도 낮습니다. 젊은 사원이 발의한 Y는 수익성이 있습니다. 당연히 프로젝트 X를 중단해야 하지만 실상은 그렇게 단순하지 않습니다. 담당자 마음에 '사장님 체면 유지'라는 계정 과목이 있기 때문에 실패할 것을 알고 있어도 중단을 결정하기가 쉽지 않습니다.

심리 회계에 영향을 미치는 감정

다양한 감정들이 무의식적으로 심리 회계에 영향을 준다.

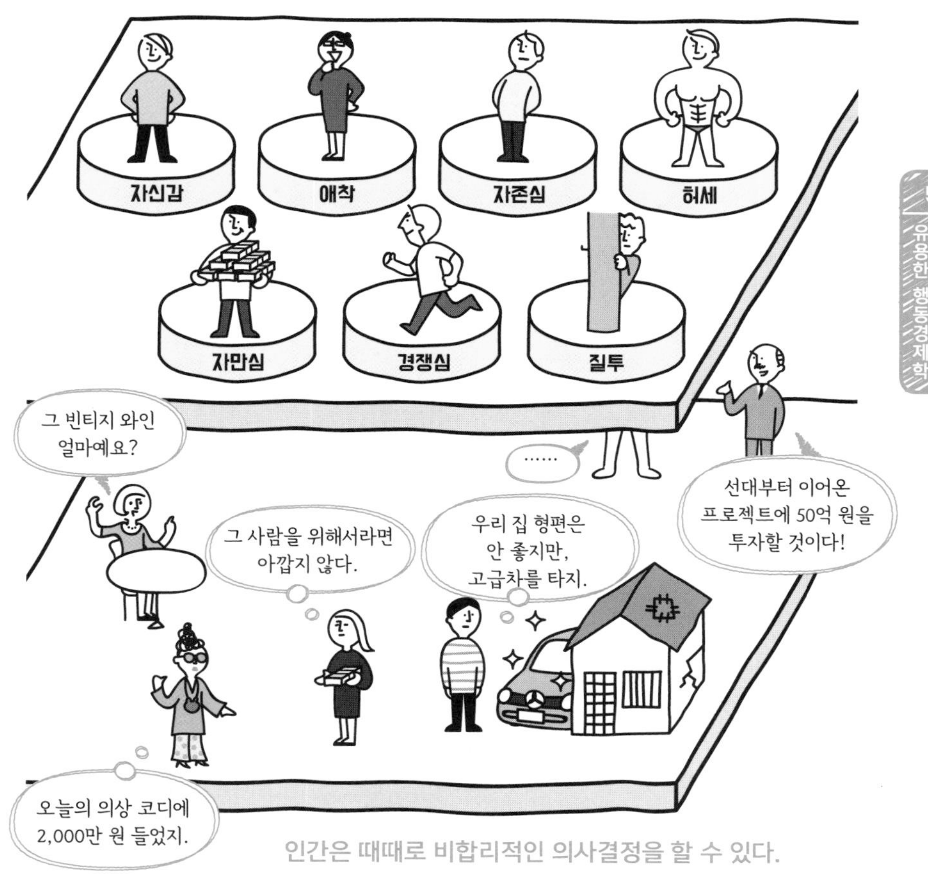

인간은 때때로 비합리적인 의사결정을 할 수 있다.

한 사람의 행동이 다른 큰 행동을 부른다

우리는 명확한 근거가 없음에도 불구하고 타인의 행동에 영향을 받아 결국, 다른 사람과 똑같이 행동하는 경우가 있습니다.

우리가 새로운 행동을 할 때 내가 가진 정보보다는 앞서 움직인 사람의 행동이 의미하는 정보를 바탕으로 의사결정을 하는 경우가 많습니다. 주식 투자를 예로 들어보겠습니다. 시장에는 여러 투자자가 있고, 각자 정보를 가지고 있습니다. A가 주식을 샀습니다. 이를 본 B는 A의 행동을 보고 그가 주가 상승에 대한 정보를 가지고 있다고 판단하고, 그 판단과 자신의 정보를 바탕으로 주식을 삽니다. 이런 움직임이 계속되면 자신이 가지고 있는 사적 정보에 대한 확신이 떨어지고 다른 사람의 정보를 추종하게 됩니다. 이것이 정보의 폭포 현상(information cascade) 입니다.

정보의 흐름이 군중 심리를 부추긴다

A사 주식을 사 두자.

A사 주식을 샀군 뭔가 좋은 정보를 가지고 있는 듯.

A사 주식 매수가 많네.

A사 주식에 분명 뭔가 있어…

빨리 사두지 않으면 손해일 것 같아.

A사 주식은 왜 팔리지?

A사 주식의 움직임으로 매수하네.

으음, 멋진 폭포다.

정보의 폭포

사소한 정보나 행동이 계기가 되어 아무도 명확한 근거를 가지지 않은 채 특정 의사결정을 확산하는 경우가 있다.

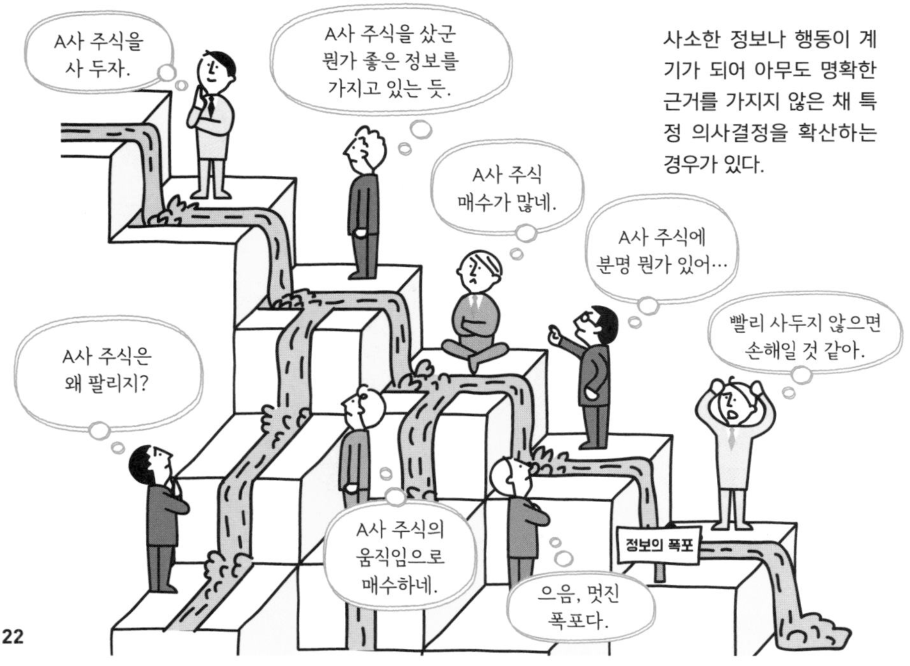

캐스케이드(cascade)란 계단형으로 연결된 폭포입니다. 물줄기(정보) 하나가 떨어지면서 점점 거세지듯 누군가의 행동이 다른 많은 사람의 행동을 이끌어 군중 심리를 부풀립니다. 이것이 구매가 구매를 부르는 원리입니다. 비슷한 효과로 SNS 등에서 퍼진 정보가 사회적인 파장을 일으키기도 합니다. 또한 유명 블로거나 크리에이터들의 마케팅 활동도 정보의 폭포 현상을 유도하는 사례입니다.

화장지 사재기

전 세계적으로 COVID-19가 확산하면서 미국 등 여러 나라에서 '화장지 사재기'가 발생한 일이 있었다. 이것도 정보의 폭포 현상이 불러일으킨 쏠림 현상(군중 심리)이다.

column No. 05

일요일 저녁 드라마 시청률로 경기를 파악한다고?

사람들이 마음으로 경기를 어떻게 느끼는지가 나타나는 사례를 이야기해보겠습니다. 경기가 나쁘면 연봉 인상을 기대하기 어렵습니다. 기업에 따라서는 비용 절감의 일환으로 승진이나 연봉이 동결되는 경우도 있습니다. 그렇게 되면 일요일 저녁 시간에 가족 모두가 외식하러 레스토랑에 가는 것은 아무래도 망설여집니다. 그럼 집에서 저녁 시간을 보내겠지요. 집에서 저녁을 먹으면서 TV 드라마를 시청하는 것이 그 하나의 예입니다. 그 결과 경기가 나쁜 시기에는 주말 드라마(일요일 같은 시각에 방송되고 있는 다른 프로그램도 포함) 시청률이 상승하는 경향이 있다고 생각합니다. 그 외에도 경기가 나빠지면 어두운 색조의 옷을 입는 사람이 많아진다고 알려져 있습니다. 우리 마음이 항상 합리적이라고는 할 수 없지만, 한 사람 한 사람의 행동이나 사회 변화에 주목하면 경기의 변화를 파악하기 쉬워질 것입니다.

chapter

영업 전략과 행동경제학

행동경제학이 가장 많이 활용되는 분야 중 하나가 마케팅입니다. 따라서 소비자는 기업의 갖가지 판매 전략에 현혹되지 않기 위해 행동경제학 지식이 필요합니다.

손해를 피하고 싶은 심리를 자극하는 영양제 광고

손해를 피하고 싶은 마음은 금전적 손실 이외의 경우에도 발생합니다. 광고 등에서 우리의 그런 심리를 이용하는 경우가 있습니다.

가치 함수 그래프를 떠올려 보세요. 손해를 피하고 싶은 마음은 많은 사람의 진심이라고 생각합니다. 한번 손에 넣은 플러스 가치는 줄이고 싶지 않습니다. 그래서 이익을 얻는 경우, 우리는 그 이익 수준에 만족하고 즉시 이익을 확정하게 됩니다. 화장품 샘플을 써 볼 때마다 본 제품을 사는 사람도 있습니다. 이는 샘플에서 얻은 만족감을 계속 느끼고 싶다는 심리에 영향을 받은 것입니다.

한번 맛본 기쁨(만족감)은 잊을 수 없다

소비자의 심리

무료로 받은 사은품에서 만족감을 얻으면 그 느낌을 지속하고 싶기 때문에 본 제품 구매로 이어지게 된다.

이것도 손실 회피 심리 중 하나입니다. 사은품 홍보에서는 그 심리를 노린 장치가 많이 사용되고 있습니다. 사은품이든 무료 평가판이든 한번 손에 넣은 것은 좀처럼 놓을 수 없고, 놓아 버리면 만족도가 떨어집니다. 그것은 우리 마음에서 마이너스(손실)입니다. 저는 이것을 마음 관성의 법칙이라고 부릅니다. 물리 법칙처럼 마음에도 현상(익숙한 상태)을 계속 이어가려는 경향이 있습니다.

마음 관성의 법칙이 이익을 가져온다

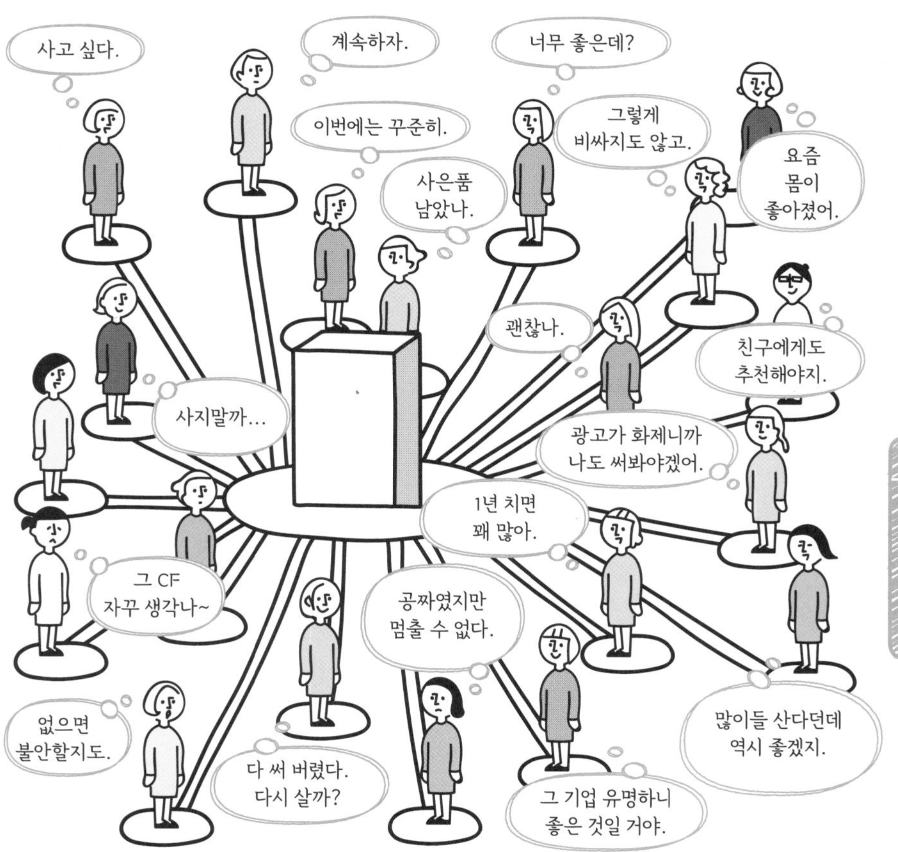

기업은 광고나 사은품 제조 등에 고액의 자금을 투입하지만, 소비자는 사은품으로 만족도를 얻은 상태에서 사은품을 다 쓰고 나면 마음의 마이너스(손실)를 느끼고 구매자가 될 가능성이 높다. 절반 이상의 소비자가 사은품만 받고 구매로 연결되지 않아도 나머지 소비자가 구매로 이어지면 기업은 충분히 이익이다.

'오늘만 반값 세일!' 정말 이득인 걸까?

가끔 가격을 대폭 할인해서 파는 상품이 있습니다.
아무리 가격을 내려도 수익이 나기 때문에 그런 판매 전략이 성립되는 것입니다.

기업 마케팅은 특정 만족감을 유지하고 싶어 하는 우리 마음에 주목합니다. 단적으로 말해 구매자는 현재의 만족감을 유지하고 싶은 심리 상황이 만들어지면 중요한 장기 고객이 될 수 있습니다. 그 이유는 간단합니다. 지금까지 누려온 만족감을 얻지 못하는 것은 그 사람에게 마이너스(손실)가 되기 때문입니다. 그것을 피하기 위해서는 물건을 계속 구매해서 사용을 이어갈 수밖에 없습니다.

사람들은 계속 만족을 찾는다

어라? 저번에 70% 세일할 때
산 제품이 다 떨어졌네.
굉장히 좋았는데…

영양제

햄스터가 케이지에 설치된 바퀴 위에서 계속 달리는 것은 먹이를 요구하거나 자기 영역을 확인하기 위해 계속 달리는 습성이 있기 때문이다. 이와 같이 우리도 특정 만족감을 계속 맛보고 싶고, 한 번 느낀 기쁨을 잃고 싶지 않기 때문에 마음에 드는 상품을 계속 사게 되는 것이다.

건강보조제 광고를 보면 신규 구매자를 대상으로 '지금만 70% 세일!'등 과감한 할인을 합니다. 그래서 수익이 날지 궁금해하는 사람도 있지만, 수익이 나지 않으면 기업은 그런 광고를 하지 않습니다. 신뢰=수익이라는 말처럼 고객이 제품의 효능을 믿기만 하면 됩니다. 제품에 효과가 있다고 믿는 사람은 섭취를 중단하고 싶지 않습니다. 소비자가 건강보조제 섭취를 지속하기 때문에 기업은 이익을 확보할 수 있습니다. 이것이 지금만 반값 전략을 펼치는 이유입니다.

지금만 70% 할인 전략

건강 보조 식품을 먹는 습관도 오래가면 현상 유지 편향화된다.

무료 서비스, 어떻게 돈을 버는 걸까?

공짜로 주면서 돈은 어떻게 버는지 궁금한 상품이나 서비스가 있습니다. 그러나 이용자를 확보하는데 무료만큼 강력한 전략은 없습니다.

우리에게는 '비싸다, 싸다'를 넘어서 10원도 손해 보기 싫다는 심리가 있습니다. 예컨대 고급 초콜릿을 500원, 저렴한 초콜릿을 200원에 팔고 있었습니다. 당연히 맛은 고급 초콜릿이 좋습니다. 같은 제품의 가격을 낮춰 고급 초콜릿을 200원에, 저렴한 초콜릿을 무료로 줄 경우, 합리적으로 생각하면 고급 초콜릿 쪽에 더 높은 만족을 느껴야 하지만 실제로는 공짜로 주는 저렴한 초콜릿이 선택된다는 실험 결과가 있습니다.

사람은 공짜에 약하다

고급 초콜릿
500원

저렴한 초콜릿
200원

차액은
300원

고급 초콜릿
200원

저렴한 초콜릿
무료

차액은
200원

고급 초콜릿 차액이
100원 더 많은데…

즉, 우리는 무료=Free를 무심코 선택합니다. 기업은 그 심리에 주목함으로써 사용자를 확보할 수 있습니다. 그 전형적인 예가 인터넷 기업입니다. 구글, 페이스북 등은 무료 서비스입니다. 무료에 이끌려 많은 사람이 그 서비스를 이용합니다. 해당 기업에서 일부 서비스에 유료화를 시작하면 수익이 발생하고, 무료 서비스 이용자를 늘릴수록 유료 서비스 이용자도 늘어날 가능성이 커지며 광고 수입도 늘어납니다. 이것이 무료 서비스가 탄생하는 이유입니다.

사용자가 많을수록 비즈니스 가능성은 커진다

무료로 서비스를 제공하는 인터넷 기업의 수익은 광고 수입과 유료 서비스로 인한 것이 많다.

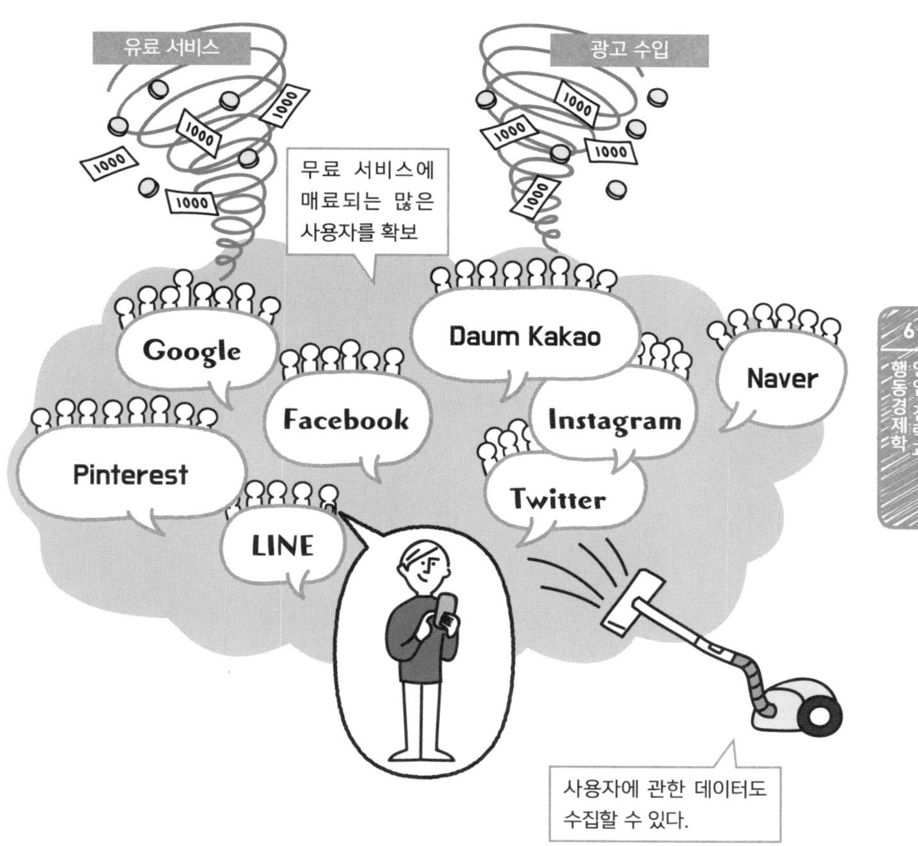

6
영업 전략과
행동경제학

남들 따라 줄을 서는 심리

우리는 많은 사람이 지지하는 것을 '좋다'라고 느끼는 경향이 있습니다. 이러한 심리 현상을 '편승 효과'라고 부릅니다.

옛날 일본 상점가에 '친돈야'라는 것이 있었습니다. 북과 악기를 울리고 떠들썩하게 거리를 걸으며 상점을 선전하는 홍보 이벤트입니다. 홍보 행위인지 모르고 떠들썩한 분위기에 이끌려 따라가다 도착한 곳은 상점가입니다. 정신을 차려보니 주위는 쇼핑을 즐기는 사람들로 인산인해를 이룹니다. 이때 나도 덩달아 물건을 사게 되는 것이 편승 효과(bandwagon effect)입니다.

편승 효과를 이용한 마케팅

편승 효과를 잘 이용해 '유행이다', '사람들이 모두 가진 것은 나도 가져야 만족이 된다'라는 심리를 끌어내는 것이 마케팅에서는 중요하다.

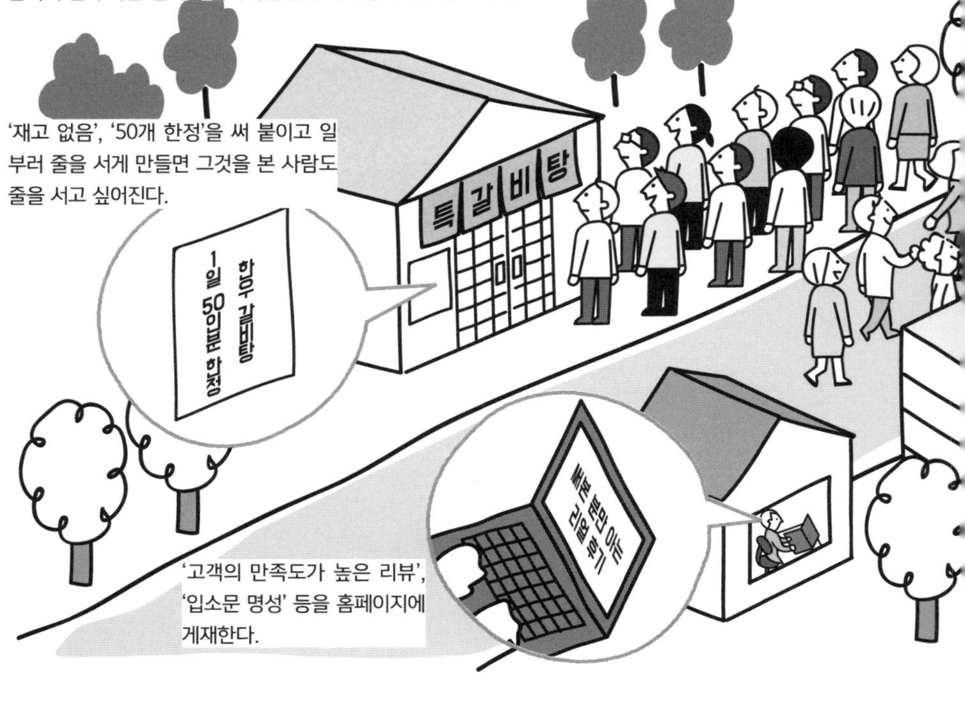

'재고 없음', '50개 한정'을 써 붙이고 일부러 줄을 서게 만들면 그것을 본 사람도 줄을 서고 싶어진다.

특갈비탕

한우 갈비탕
1일 50인분 한정

'고객의 만족도가 높은 리뷰', '입소문 명성' 등을 홈페이지에 게재한다.

편승 효과란 많은 사람이 지지하는 상황에 관심이 없던 사람도 그 상황을 '좋다'라고 생각하고, 주위와 같은 행동을 취하는 심리를 말합니다. 편승 효과를 잘 활용하면 더 많은 고객이 방문하는 효과를 기대할 수 있습니다. 놀이공원이 좋은 예입니다. 인기 놀이기구 앞에는 사람들이 와글와글 모여 있습니다. 그것을 보면 왠지 나도 그 분위기를 체험하고 싶어 같이 줄을 서게 됩니다. 이러한 편승 효과를 이용한 마케팅 전략도 많이 사용되고 있습니다.

핼러윈 축제가 왜 갑자기 유명해졌지?

어느새 국내에서도 유명해진 핼러윈 축제.
그 이면에는 무리 지어 있는 것을 좋아하는 우리의 본성이 있다고 생각합니다.

편승 효과에는 많은 사람과 함께 하고 싶어 하는 상징적인 무엇이 분명히 존재합니다. 그런데, 많은 사람의 관심을 끄는 상징적인 무엇이 없는 경우에도 주위의 움직임에 동조하는 경우가 있습니다. 그것이 바로 쏠림 현상입니다. 요컨대 우리에게는 고립되기 싫고, 많은 사람과 함께 있으면 안심이 되고 즐거워지는 마음의 본성이 있기 때문입니다.

우리는 '함께'라는 것에 안심한다

쏠림 현상에서 설명한 대로 사람들은 대세가 지지하는 것에 끌리는 심리경향이 있지만
지지하는 상징적인 것이 없더라도 주위의 움직임에 동조하려는 경향이 있다.

그 좋은 예가 국내에서 누가 언제부터 시작했는지 알 수 없는 핼러윈입니다. 핼러윈을 즐기는 사람이 늘어난 이유에 대해 다양한 분석이 있는 것 같습니다만, 유력한 특정설이 있다고 말하긴 어려운 것 같습니다. 매년 10월 31일이 다가오면 잡화상점에서 쇼핑몰에 이르기까지 여러 곳에서 핼러윈 파티용품들을 판매합니다. 이는 부지불식간에 주변 사람들을 따라 하기 시작한 군중 심리의 사례라고 할 수 있습니다.

군중 심리 때문에 퍼진 핼러윈

특별한 이유는 알 수 없지만, 어느 날부터 핼러윈이 스며들었다.
그 배경에는 주위와 같은 행동을 취하는 군중 심리가 영향을 주고 있다.

일본 제품에 넘쳐나는 '몬드 셀렉션 금상 수상'

인간은 권위에 약하고, 권위가 있다고 여겨지는 대상이나 전문가의 의견을 거의 무조건 믿는 경향이 있습니다.

우리는 권위가 있는 것을 신뢰해 옳다고 믿는(복종하는) 경향이 있습니다. 이것을 **권위에 대한 복종**(obedience to authority)이라고 합니다. 가령 여기에 두 권의 건강 서적이 있다고 합시다. 한 책은 저자가 대학교 시간 강사이고, 다른 책은 저자가 의료 분야의 대가이며 대학교수입니다. 이 두 권을 비교했을 때 후자가 더 나은 듯한 느낌이 들기 쉽습니다. 내용이 어떤지 판단하기 전에 사회적 지위를 바탕으로 판단하는 것입니다.

인간은 권위에 약하다

우리는 어릴 적부터 부모나 선생님의 권위를 가까이 접하면서 성장하고, 일반적으로 특히 교수나 변호사, 의사 같은 전문가 의견에 약한 경향이 있다.

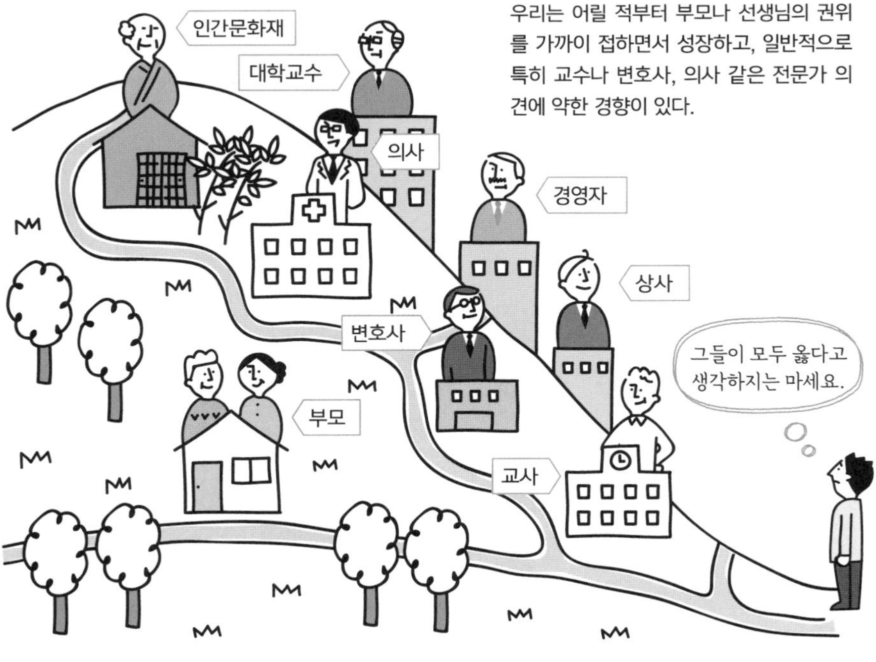

인간문화재

대학교수

의사

경영자

상사

변호사

부모

교사

그들이 모두 옳다고 생각하지는 마세요.

최근 각종 일본 브랜드 식품과 음료에 몬드 셀렉션* 금상 수상 라벨이 붙은 것은 권위에 복종하는 심리를 반영한 것입니다. 몬드 셀렉션 금상 수상이라고 하면 뭔가 특별하고 좋다고 생각하는 소비자의 심리를 겨냥해 기업은 몬드 셀렉션 본부에 심사료를 지급하고 평가를 의뢰합니다. 몬드 셀렉션 웹사이트를 보면 분명히 이 상이 상품의 품질 보증과 같은 메리트가 있다고 쓰여 있습니다.

*몬드 셀렉션 (Monde Selection)은 1961년 설립되어 벨기에에 본사를 둔 단체로 세계 소비재 제품의 품질을 평가하고 그 결과에 따라 인증을 부여하고 있다.

모든 곳에 있는 권위

권위의 영향으로 남다르고 좋다고 생각하는 경우도 있지만, 거기에 의존하지 않고 본인 생각으로 판단하는 것이 중요하다.

연예인의 광고 출연료가 비싼 데에는 이유가 있다

지명도와 이미지가 중요한 광고전략. 그 열쇠가 되는 것이 인기 탤런트 등을 기용해서 이미지 향상을 도모하는 후광 효과입니다.

'저 사람은 유명 대학을 졸업했기 때문에 남들보다 우수하다'라고 판단하는 것처럼 우리는 어떤 평가를 할 때 눈에 쉽게 띄고, 한눈에 보고 알 수 있는 특징에 근거해 판단하기 쉽습니다. 이것이 후광 효과(halo effect)입니다. 후광은 발광체 주위에서 나타나는 동그란 띠 모양의 빛을 말합니다. 도드라지는 특징에 대해 마치 후광이 비치고 있는 것처럼 과도하게 호의적으로 파악하는 것이 후광 효과입니다.

눈에 띄는 특징에서 전체를 평가하는 후광 효과

글로벌화의 영향으로 영어 실력을 중요시 하다 보니 입사 면접 등에서 영어 능력을 필수로 확인하곤 한다. 그 때문에 단순하게 '영어를 잘한다=우수하다'라는 생각이 들 수 있지만, 영어를 잘하는 것과 직무에 요구되는 전문 능력의 유무는 별개이다. 그런데도 영어가 중요하다는 생각에 그 사람의 능력을 과대평가하는 경우가 많다.

후광 효과가 위력을 발휘하는 것이 화장품 광고입니다. 기업은 화장품의 좋은 점을 어필하기 위해 되고 싶은 얼굴 선호도가 높은 연예인이나 유명인을 섭외해 광고를 찍고, 이를 본 소비자에게 '이 화장품으로 저렇게 예뻐질 수도 있다'라고 기대하게 만들며 구매를 유도합니다. 후광 효과를 기대할 수 있는 만큼 상품의 매출도 높아지기 때문에 호감도가 높은 연예인은 섭외 요청이 많아지고, 출연료도 상승합니다.

탤런트의 이미지가 상품의 이미지로

CF에 출연하는 탤런트의 호감도가 높으면 후광 효과의 영향으로 광고 제품의 호감도 올라간다. 광고 선전 규모가 클수록 효과가 커질 수도 있다.

CF 모델의 이미지가 상품에 후광이 되어 좋은 인상을 높이고, 소비자의 구매 의욕을 북돋는다.

6 영업 전략과 행동경제학

수술 사망률 20%면 성공률이 낮은 걸까?

비록 같은 확률이라도 어조에 따라 느낌이 완전히 달라질 수 있습니다.

설명이나 안내 방식 차이에 따라 우리의 의사결정이 달라질 수 있습니다. 예를 들어 '시험 1주일 남았다'라고 생각하는 경우와 '시험이 앞으로 1주일밖에 안 남았다'라고 생각하는 경우를 떠올려 봅시다. 후자가 더 절박한 느낌이 듭니다. 그 결과 내가 할 수 있는 한 최선을 다해야겠다는 마음이 들고, 이전보다 공부에 더 집중할 수 있습니다. 이것이 프레이밍 효과(framing effect)입니다.

프레이밍 효과의 예 ① (수술 고지)

틀(프레임)에 의식이 고정되어 버리면 의사결정에 변화가 생긴다.

확률은 같은데…

수술 성공률은 변하지 않는데 어조에 따라서
우리는 왠지 모르게 불안해지기도 하고 안심이 되기도 한다.

프레이밍 효과의 프레임(frame)에는 영어로 구조물을 설치한다는 의미 외에 누군가를 함정에 빠트린다는 의미도 있습니다. 즉, 어조에 따라 받아들이는 방식이 달라진다는 것입니다. 가령 '이 수술로 죽음에 이를 확률은 20%입니다'와 '80%의 확률로 수술은 성공합니다' 중에서 분명히 후자가 더 긍정적으로 받아들여질 것입니다. 객관적인 확률은 둘 다 같지만 어조에 따라 받아들여지는 느낌이 달라집니다.

프레이밍 효과의 예 ② (할인)

판매점 할인을 알리는 다양한 선전 문구가 있다.
이것도 프레이밍 효과의 일종이다.

● 재고 처분

우리는 재고 처분이라서 값싼 상품이 있으리라 생각하지만, 가격이 실제로 싼 것인지 여부는 물론이고 애초에 원했던 상품이 있는지조차 알 수 없다.

● 폐점 세일

재고 처분과 마찬가지로 고객은 점포가 폐점할 예정이니 싸게 팔 거라고 생각하기 쉽다. 실제로는 폐업하지 않는 경우도 있다.

● 적자 각오

팔 수 없다고 판단한 재고를 매입가와 동등하거나 그것보다 싸게 판매할 가능성은 있지만, 매장 측이 정말로 적자로 판매하는 경우는 극히 드물 것이다.

● 바겐세일

바겐세일을 한다고 하면 '좋은 물건이 다 팔리기 전에 사야지!'라며 초조해할 때도 있다. 하지만 바겐세일을 하는 가게는 얼마든지 있기 때문에 초조해할 필요는 없다.

하루 100mg 보다 한 달 3,000mg

같은 용량이라도 큰 숫자를 보여줌으로써 느낌이 확 달라지는 경우가 있습니다. 이것도 프레이밍 효과 중 하나입니다.

컵에 반쯤 차 있는 물을 보고 '아직도 반이나 있다'라고 생각하는가, '이제 반밖에 없다'라고 생각하는가의 차이에 대한 예는 프레이밍 효과를 설명하는 데 많이 쓰입니다. '아직도 반이나 있다'라며 희망을 품는 것과, '이제 반밖에 없다'라며 절망하는 것에는 큰 차이가 있습니다. 이 프레이밍 효과는 상품 마케팅에도 많이 활용됩니다.

표시의 차이에 따라 느낌이 달라진다

우리 일상에는 프레이밍 효과를 이용한 제품들이 넘쳐나고 있다. 동일한 제품 설명도 어조를 조금만 바꾸면 받아들여지는 방식이 완전히 달라진다.

예를 들어 음료의 내용물 표시는 긍정적인 내용을 적극적으로 홍보하는 것이 효과적이다.

가령 알약 한 개에 100mg의 비타민이 함유된 건강식품 30정이 들어 있는 제품이 있습니다. 이를 '매일 한 알을 먹으면 100mg의 비타민을 섭취할 수 있습니다'이라고 광고하는 것과 '한 달에 3,000mg의 비타민을 섭취할 수 있습니다'라고 광고하는 것 중 어느 쪽이 구매자에게 긍정적인 영향을 줄까요? 답은 후자입니다. 최종적으로 얻는 이익은 같아도 인간은 지금 느껴지는 큰 이익에 끌립니다.

시리즈물 창간호 프로모션의 비밀

구매자가 이미 지출한 비용에 대한 만족감을 얻으려고 더욱 비용을 들이는 심리를 겨냥한 것이 별책 부록이 있는 시리즈물입니다.

무언가에 이미 지출하여 되찾을 수 없게 된 비용을 매몰 비용이라고 합니다. 도박에 쓴 돈은 매몰 비용으로, 지급한 이상 그 금액을 되찾을 수 없습니다. 그럼에도 우리는 어떻게든 지급한 매몰 비용만큼의 만족감을 얻으려고 필사적으로 될 때가 있습니다. 다시 말해, 돈을 지급하고 무언가를 하겠다는 결정의 영향은 큽니다.

시리즈 제품으로 보는 매몰 비용의 예시

시리즈물을 계속 구매한 사람들은 투입한 자금이 커지면서 지금 그만두면 아깝다는 심리가 생겨 중간에 그만두지 못하게 된다.

창간호 발매 시에는 대대적인 프로모션을 통해 가능한 한 많은 구매자를 확보한다.

다른 관점에서 봤을 때 우리는 매몰 비용을 회수했다고 생각할 수 있는 정도의 만족감을 어떻게든 추구하고 싶습니다. 그 마음에 주목한 상품이 로봇이나 장난감 등의 시리즈물을 부록으로 주는 잡지입니다. 매달 다른 부품이나 시리즈가 부록으로 나오기 때문에 시리즈를 완성하려면 매호 사서 모을 수밖에 없습니다. 중도에 포기하면 미완성 상태로 매몰 비용만 낭비하게 되므로 그것을 피하려는 심리를 이용한 시리즈 부록 잡지가 팔리고 있습니다.

배경음악 때문에 사고 싶은 와인이 바뀐다

최근 행동경제학이 더욱 주목받고 있지만,
구체적으로 어떤 것인지 잘 모르는 사람이 많을지도 모릅니다.

음악은 신기합니다. 느린 템포 곡을 들으면 마음이 안정되고, 록 밴드 연주를 들으면 흥분됩니다. 음악은 인간의 무의식에 영향을 미칩니다. 미국 웨스턴 켄터키 대학교의 로널드 밀리만(Ronald E. Milliman) 교수는 배경음악에 따라 레스토랑 손님의 행동에 어떤 차이가 나는지를 실험했는데, 느린 배경음악이 나올 경우 손님이 더 긴 시간 동안 레스토랑에 머물렀다는 결과가 나왔습니다.

Ronald E. Milliman[1986]The Influence of Background Music on the Behavior of Restaurant Patrons, Journal of Consumer Research, Vol. 13, No. 2 (Sep., 1986), pp. 286-289

배경음악 템포에 따라 소비 행태도 바뀐다?

밀리만 교수는 슈퍼마켓에서 내보내는 배경음악을 빠른 템포나 느린 템포로 변경함에 따라 쇼핑객의 소비행태가 어떻게 변하는지도 알아봤다.

빠른 템포의 배경음악

이것으로 필요한 것은 전부 샀어.

다음 볼일은 뭐였지?

빠른 템포일 경우 쇼핑객이 가게 안을 통과하는 시간이 느린 템포일 경우보다 빨라졌다.

느린 템포의 배경음악

아늑한 가게네

저것도 살까 봐

느린 템포일 경우 쇼핑객의 체류 시간이 길어지면서 인당 구매액도 높아졌다.

밀리만 교수의 실험 결과가 함축하는 것은 배경음악을 바꿈으로써 소비자의 행동을 기업에서 선호하는 방향으로 변화시킬 수 있다는 것입니다. 영국의 심리학자인 에이드리언 노스(Adrian North)의 연구에 따르면 힘차고 중후한 느낌의 음악(오르프 Orff의 카르미나 부라나 Carmina Burana)을 들으면 배경 음악이 없는 경우에 비해 무거운 맛의 와인을 선호한다고 보고되었습니다.

배경음악으로 사고 싶은 물건이 바뀐다?

배경음악으로 와인 소비가 영향을 받는다. 와인 판매점에서 배경음악이 사람의 소비에 미치는 영향을 조사하는 실험이 진행되었다. 같은 가격의 프랑스 와인과 독일 와인을 매장에 두고 프랑스 곡과 독일 곡을 번갈아 틀며 와인 매출을 조사했다.

※ 실제 실험에서 판매된 와인의 정확한 수량은 아니다.

주말이 가까워질수록 광고전단이 늘어나는 이유

우리가 일상적으로 접하고 있는 광고전단에도 기업 측의 교묘한 마케팅 전략이 있습니다.

정보의 이용 가능성이란 우리가 의사결정을 할 때 이용 가능성이 높은 정보일수록 과대평가 되는 경우가 있음을 의미합니다. 여기서 말하는 이용 가능성은 물리적으로 쉽게 접할 수 있는 정보와 새로운 정보로 나눌 수 있습니다. 기업은 소비자의 관심을 끌기 위해서 가능한 한 많은 정보를 주고자 합니다. 문제는 정보를 줬으나 거들떠보지 않으면 의미가 없습니다.

기억에 남기 쉬운 정보가 이용 가능성이 높다

기억에 잘 남는 핵심 4가지는 '최신', '조화', '선명', '주목'이다.

여러분은 토요일과 일요일에 신문에 딸려오는 광고지가 평일보다 많다는 것을 알고 계십니까? 평일에는 많은 사람이 일하러 나가기 바쁘므로 느긋하게 특별할인제품이나 광고를 보고 있을 시간이 별로 없을 것입니다. 반면, 토·일요일은 비교적 시간이 있다는 것에 착안해 기업은 광고전단을 많이 넣습니다. 이는 이용할 수 있는 정보를 많이 주어 소비를 부추기려는 것이나 다름없습니다.

주말 신문에 광고지가 많은 이유

신문은 매일 읽기 때문에 물리적 이용 가능성이 높은 정보지만, 바쁜 평일 아침에 신문 광고전단까지 꼼꼼히 살펴볼 시간은 그리 많지 않을 것이다.

one point

선택적 인식 selective perception

인간에게는 자신에게 영향을 주거나 자신의 기대와 일치하는 정보만 인식하는 선택적 인식이라는 행동 양식이 있어, 의사결정에 필요하지 않은 정보에 대해서는 무의식적으로 눈을 돌리는 경향이 있다.

column No. 06

안 된다고 하면 더 하고 싶어지는 심리

시험 기간에 TV 드라마 시청을 금지당하면 더 보고 싶어집니다. 과자를 못 먹게 하면 이상하게 더 먹고 싶어지고, 복도에서 뛰지 말라고 하면 평소에 뛰지 않았음에도 복도에서 한번 달려 보고 싶다는 생각이 들기도 합니다. 이는 뭔가 하고 싶다는 욕구가 억눌리면(금지된다) 불만이 쌓여 오히려 더 하고 싶어지는 칼리굴라 효과가 작용했기 때문입니다. 1980년에 로마 제국 황제 칼리굴라를 모델로 한 미국·이탈리아 합작 영화 <칼리굴라(Caligula)>가 개봉을 앞두고 잔혹하고 성적 묘사가 많다는 이유로 일부 지역에서 상영 금지되었습니다. 그러나 상영금지령은 오히려 사람들에게 강한 호기심을 불러일으켰다고 합니다. 이에 유래해 금지된 것에 더욱 끌리는 심리 현상을 '칼리굴라 효과'라고 합니다.

몇몇 다이어트 식품 광고는 칼리굴라 효과를 노리고 '체형에 자신 있는 분은 사용하지 마세요!'라는 말을 흘려 오히려 더 많은 사람의 관심을 받기도 합니다.

chapter

적용 범위가 넓은 행동경제학

최근 행동경제학은 금융이나 마케팅 분야 외
정책에도 넓게 활용되고 있습니다.
특히 넛지 이론은 세계적으로 주목받고 있습니다.

지금과 1년 후 중 어느 쪽이 중요한가? : 성급함을 과학으로 설명하다

미래보다 현재를 중요시하는 심리를 이론적으로 설명하는 것으로 쌍곡형 할인 이론이 있습니다.

지금 10만 원 받을지, 1년 후 11만 원을 받을지 선택하라고 하면 대부분의 사람은 지금 10만 원 받는 것을 선택합니다. 왜냐하면 우리는 시간에 관한 논리적 감각을 지니고 있지 않기 때문입니다. 이를 설명하는 키워드가 '할인율'입니다. 할인율은 미래 돈의 가치가 현재 얼마인지 미래 가치를 현재 가치로 환산한 교환 비율입니다. 1년 후 11만 원과 현재 10만 원이 같아지는 할인율은 10%입니다.

우리는 미래보다 지금을 중요하게 여긴다

우리는 미래에 이익(기쁨)을 얻을 수 있다는 것을 알더라도 단기이익을 우선시하는 경향이 있다.

국내 은행예금을 생각해 보면 10%는 꽤 큰 할인율(금리)입니다. (2019년 11월 중 예금은행의 신규취급액 기준 저축성수신금리는 연 1.62%) 지금 10만 원을 바로 가지고 싶다는 것은 성급함을 드러내는 것입니다. 행동경제학에서는 기간이 길어질수록 우리가 느끼는 성급한 정도(할인율)는 점차 감소한다는 것을 쌍곡형 할인(hyperbolic discounting) 이론으로 설명합니다. 이는 전통경제학이 시간의 경과 정도에 상관없이 할인율은 일정하다고 전제한 것과 대비됩니다.

쌍곡형 할인 이론이란?

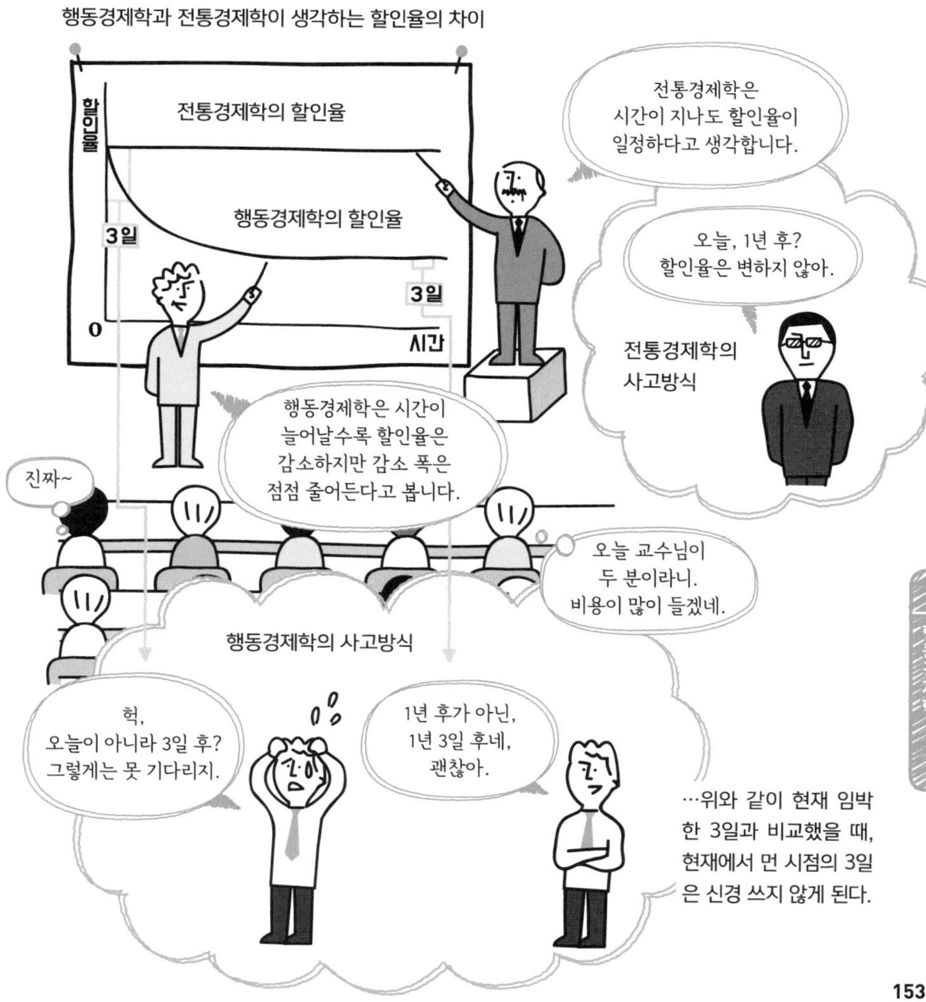

참는 사람이 성공한다

눈앞의 유혹에 빠지지 않고 참을 수 있느냐가 우리 인생에 무시할 수 없는 영향을 가져올 수 있습니다.

쌍곡형 할인 이론이 시사하는 바는 우리가 오늘이나 내일 등 지금 임박한 하루의 차이는 크게 느끼지만, 1년과 1년 1일 후처럼 기간이 길어지면 시간을 느끼는 방식의 차이가 거의 없다는 것입니다. 다시 말해 눈앞의 만족감을 높이는 것을 우선시하므로 참는 것을 어려워합니다. 금연하지 못하는 사람들은 금연하면 장기적으로 건강해질 확률이 높아진다는 걸 알면서도, '한 대쯤이야 뭐 어때'라며 무심코 피워 버립니다.

할인율로 설명하는 다이어트와 금연의 어려움

슬슬 다이어트를 해야겠어.
뭐, 그래도 이 정도는 먹어도
괜찮잖아.

곧 금연할 거니까
지금 한 대는 괜찮아.

어이~
곧 위험해질 거야~.

▨ 눈앞의 만족도를 우선

우리는 건강과 미용을 위해 금연, 금주, 운동, 다이어트 등을 목표로 하지만 시간과 노력을 많이 투입해야 하는 일임을 알기에 중도에 포기하거나, 시작을 미루곤 한다. '조만간 관둘 거니까. 한 번 정도는 괜찮겠지'라는 생각으로 당장의 유혹에 넘어가면 결국은 나쁜 습관이 되고, 장기적으로 인생에 악영향을 끼치게 된다.

참는 사람은 참지 못하는 사람과 다른 인생을 산다는 연구결과가 있습니다. 바로 〈마시멜로 실험〉입니다. 유치원 선생님이 아이를 한 번에 한 명씩 방으로 데리고 들어가 마시멜로가 있는 접시를 보여주고 "15분 있다 올 거야. 내가 올 때까지 마시멜로를 먹지 않고 참으면 하나 더 줄게"라고 한 후, 아이 혼자 방에서 기다리게 했습니다. 물론 즉시 먹은 아이, 참다 결국 먹은 아이, 끝까지 참은 아이들이 나왔죠. 그 후 실험에 참여한 아이들의 인생을 추적 연구했더니 참은 아이들의 대학수학능력시험(SAT) 점수가 더 높았고, 사회성이나 대인관계도 좋았으며 문제를 일으킬 가능성도 상대적으로 낮았습니다.

욕망을 참는 마시멜로 실험

1960년대 후반 스탠퍼드 대학교에서 당시 4~5세 아이들을 대상으로 마시멜로 실험을 했다.

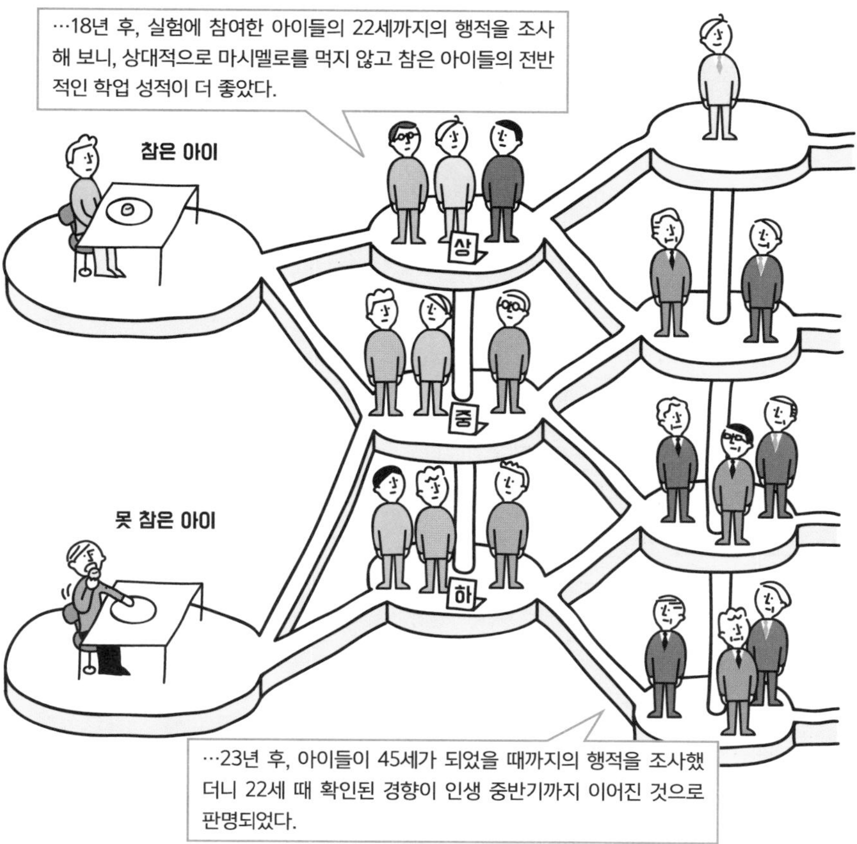

선택의 자유를 인정하며 행동을 유도하는 '넛지'

현재 행동경제학 이론 중에서 정책 현장에서 가장 주목받는 것이 리처드 세일러 교수가 제창한 넛지 이론입니다.

넛지(nudge)는 주의를 끌기 위해 팔꿈치로 슬쩍 찌른다는 뜻입니다. 넛지는 시카고 대학교의 리처드 세일러 교수가 제창한 이론으로 사람들을 강제하지 않고, 선택의 자유를 인정하면서 더 바람직한 의사결정을 할 수 있도록 선택지를 제시하여 스스로 변화할 수 있도록 유도하는 것입니다. 그럼으로써 개인뿐만 아니라 사회의 복리후생도 높일 수 있다고 세일러 교수는 이야기합니다.

넛지란?

넛지는 어디까지나 선택의 여지를 남겨,
상대를 특정의 선택지로 유도하는 것.

사람들이 불편하게 느끼지 않도록 간접적으로 표현하면서 합리적이고 바람직한 방향으로 유도하는 행위가 넛지이다.

넛지는 우리 일상생활에 실제로 적용되고 있습니다. 예를 들어 상점이나 지하철 역 바닥에 줄을 서도록 유도하는 발자국이나 선이 그려져 있는 것을 볼 수 있습니다. 은연중에 이것을 보고 차례차례 줄을 서는 사람들이 늘어납니다. 만약 줄을 서도록 유도하는 무엇이 없다면 "내가 먼저야!" "뭐라는 거야, 내가 먼저라고!" "여기서 싸우지 마세요"라며 다투는 상황이 벌어질 수 있겠죠. 이처럼 상대를 팔꿈치로 슬쩍 찌르듯이 자발적인 행동을 촉구하는 장치가 있으면 우리의 행동은 꽤 세련되게 변합니다.

자주 보이는 이것도, 사실은 넛지

음식 배치 순서만 바꿔도 대사증후군 예방

사람들은 강요당하면 오히려 반발합니다. 넛지 이론을 응용하면 강제하지 않고 사람들을 바람직한 의사결정으로 이끌 수 있습니다.

우리는 '이거 해, 저거 하지 마'라고 무조건적인 지시를 받으면 기분이 나빠집니다. 이렇게 개인의 선택에 개입해 자유를 제한하는 발상을 개입주의(paternalism)라고 합니다. 따라서 자유로운 선택의 여지를 만들어 주는 것이 중요합니다. 자유로운 선택을 존중(libertarian)하면서 눈치채지 못하게 사람들의 의사결정에 개입하여 더 나은 의사결정을 하도록 이끄는 것을 자유주의적 개입주의(libertarian paternalism)라고 합니다. 이것이 넛지입니다.

사람은 강제성을 싫어한다

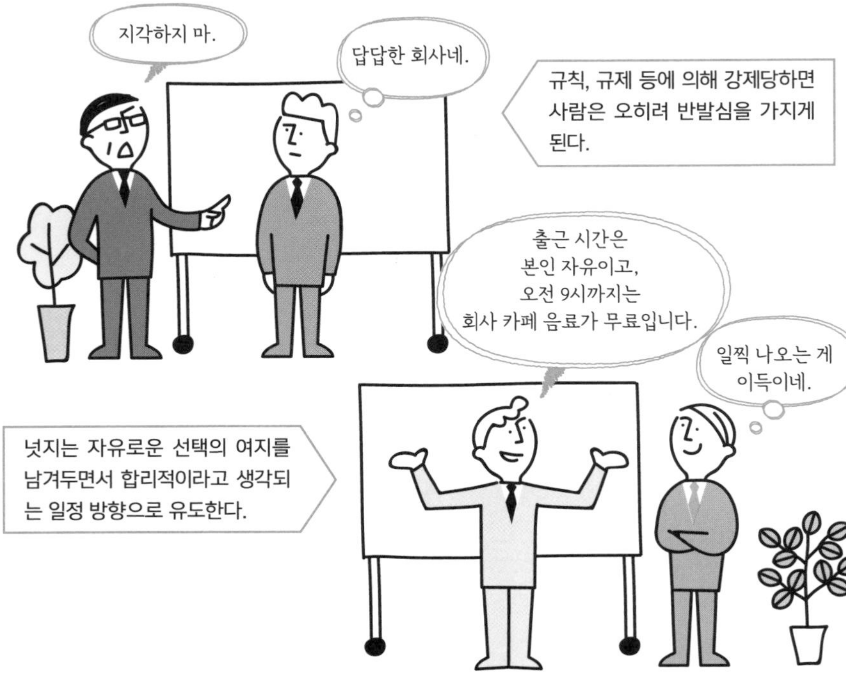

지각하지 마.

답답한 회사네.

규칙, 규제 등에 의해 강제당하면 사람은 오히려 반발심을 가지게 된다.

출근 시간은 본인 자유이고, 오전 9시까지는 회사 카페 음료가 무료입니다.

일찍 나오는 게 이득이네.

넛지는 자유로운 선택의 여지를 남겨두면서 합리적이라고 생각되는 일정 방향으로 유도한다.

선택의 자유를 인정하면서도 결과적으로 많은 사람의 의사결정을 더 좋은 방향으로 유도하는 것은 실제로 가능합니다. 한 뷔페에서 입구와 가까운 쪽부터 채소, 생선, 육류로 순으로 음식을 배치했습니다. 그 결과, 손님들이 육류만 편식하는 행위가 줄어들고 전보다 채소를 많이 먹게 되었습니다. 채소를 먹으라고 했다면 반발했겠지만, 스스로 선택할 수 있으니 은연중에 더 나은 행동을 취하게 된 것입니다. 이것이 넛지입니다.

넛지를 응용한 뷔페식당

집기 좋은 쪽에 채소, 먼 쪽에 육류와 디저트를 두는 등 진열 방법을 고안하면 손님들이 자신도 모르게 건강을 개선하고, 과체중을 예방하는 식사를 할 수 있다. 그럼 몸 상태가 좋아졌다는 단골도 늘어나 업소 매출도 오르게 될 것이다.

7 적용 범위가 넓은 행동경제학

해외의 '넛지' 도입 사례 1

해외의 정책 현장에서는 이미 다양한 방식으로 넛지 이론을 활용하고 있습니다. 일본의 넛지 반영 사례를 살펴 보겠습니다.

많은 나라들이 정책에 넛지 이론을 도입하고 있습니다. 일본은 건강증진 정책에 넛지 이론을 활용하고 있습니다. 일본 후생노동성은 40~75세 국민을 대상으로 전문 요원(보건사, 영양관리사 등)들이 생활 습관병을 예방하고 개선해주는 '특정건강검진 보건지도'를 시행하고 있습니다.

일본에서 실시하는 건강 유지를 위한 넛지

● 특정건강검진·특정보건지도

일본인 사망 원인의 60%를 차지하는 생활습관병 예방과 개선을 위해 건강검진을 실시하고, 검진 결과에 따라 지원이 필요하다고 판단되는 대상자에게 보건지도를 한다.

그러나 일본 내에서는 이 정책에 대한 찬반양론을 비롯해 다양한 의견도 존재합니다. 예를 들어 정부가 사회 전체의 합리성을 파악할 수 있는 능력이 있는지, 대사증후군의 기준은 정말 적절한지를 판단하기 어렵고, 또한 다양한 이익집단과 지역사회의 특혜 논란을 부추길 우려가 있다는 것입니다. 그렇다고 해도, 개인의 건강과 생활을 재검토하고 개선하는 기회가 된 것은 사실이며 중요한 결과입니다.

일본의 에너지 정책 사례

2017년 일본 환경성은 산학관과 제휴하여 '가정에서 자발적으로 저탄소형 생활 대책을 세울 수 있도록 유도하는(넛지) 정보지 배포 사업(환경성 넛지 사업)을 발족하였다.

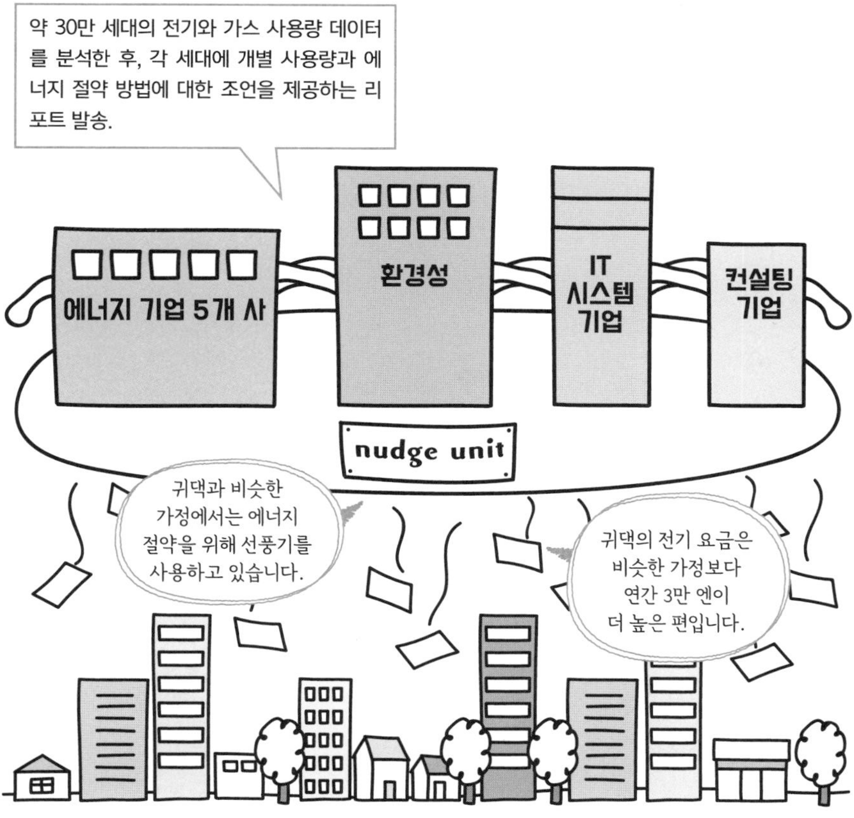

약 30만 세대의 전기와 가스 사용량 데이터를 분석한 후, 각 세대에 개별 사용량과 에너지 절약 방법에 대한 조언을 제공하는 리포트 발송.

에너지 기업 5개 사

환경성

IT 시스템 기업

컨설팅 기업

nudge unit

귀댁과 비슷한 가정에서는 에너지 절약을 위해 선풍기를 사용하고 있습니다.

귀댁의 전기 요금은 비슷한 가정보다 연간 3만 엔이 더 높은 편입니다.

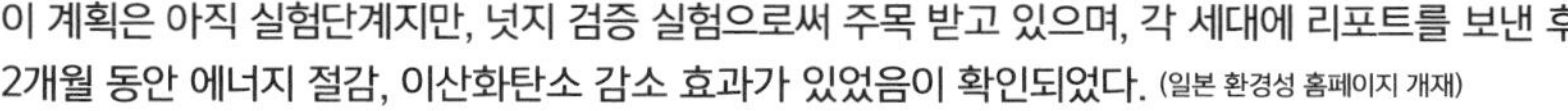

이 계획은 아직 실험단계지만, 넛지 검증 실험으로써 주목 받고 있으며, 각 세대에 리포트를 보낸 후 2개월 동안 에너지 절감, 이산화탄소 감소 효과가 있었음이 확인되었다. (일본 환경성 홈페이지 개재)

해외의 '넛지' 도입 사례 2

정책뿐만 아니라 공항 화장실, 납세 캠페인 등 세계 속 여러 현장에서 넛지 이론이 활약하고 있습니다.

넛지의 사례를 드는 것에는 한계가 없습니다. 세계적인 성공 사례로 암스테르담의 스키폴 공항의 예가 있습니다. 공항 남자화장실 소변기 중앙에 작은 파리를 그려 넣었더니, 파리 그림이 없던 때에 비해 청소비용이 80% 줄었습니다. '인간은 타깃이 있으면, 그것을 노린다'라는 심리를 이용해, 주변을 더럽히지 않고 용변을 보는 환경을 만들어 낸 것입니다. 물론 화장실을 사용하는 사람에게 어떤 강제도 행하지 않았습니다.

암스테르담 스키폴 국제공항의 사례

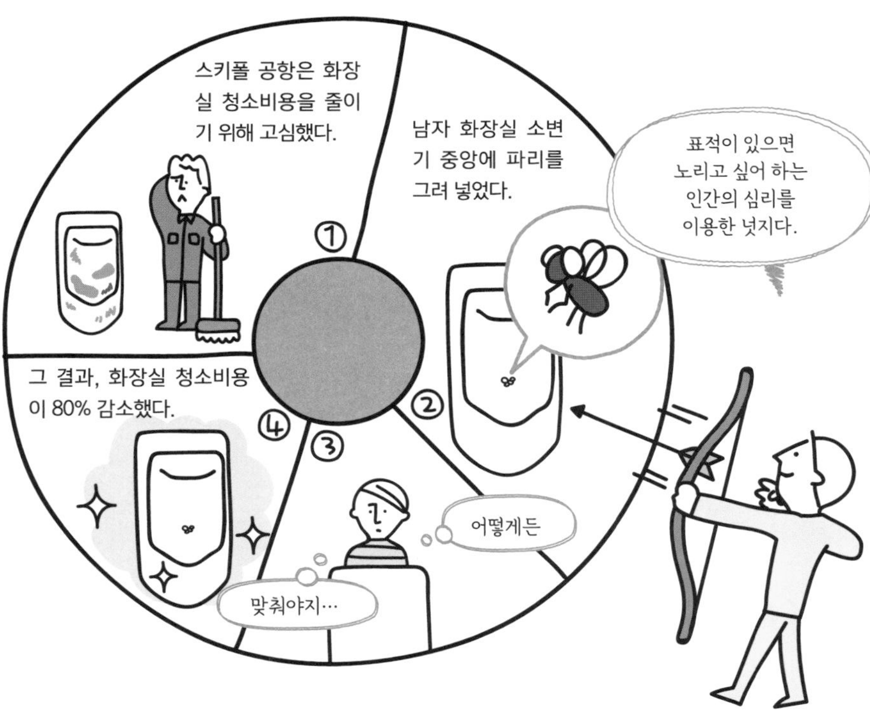

2010년 데이비드 캐머런(David William Donald Cameron) 당시 영국 총리는 총리실 산하에 '넛지 유닛'을 두고 넛지 정책을 연구했고, 세일러 교수도 협력했습니다. 잘 알려진 것은, 세금을 체납하고 있는 사람에게 '당신이 사는 지역의 모든 사람이 기한 내에 세금을 납부합니다'라는 내용의 편지를 보냈고, 그 결과 납세율이 높아졌습니다. 미국에서는 연금 가입제도를 '자동가입과 자유해약'으로 변경한 결과, 가입자 수를 늘릴 수 있었습니다. 이외에도 다양한 넛지 응용 사례는 많습니다.

영국의 다양한 넛지 활용 사례

세금 체납자에게 같은 지역에 거주하고 있는 주민들의 납세율을 기재해 통지

**그 결과, 납세율 상승
(사회 전반적으로 좋은 결과)**

단열 설비 도입을 촉진하기 위해, 설치 가정에 한해 다락방 청소 서비스를 제공

**그 결과, 단열 설비 보조금 지원보다
높은 효과**

교통안전

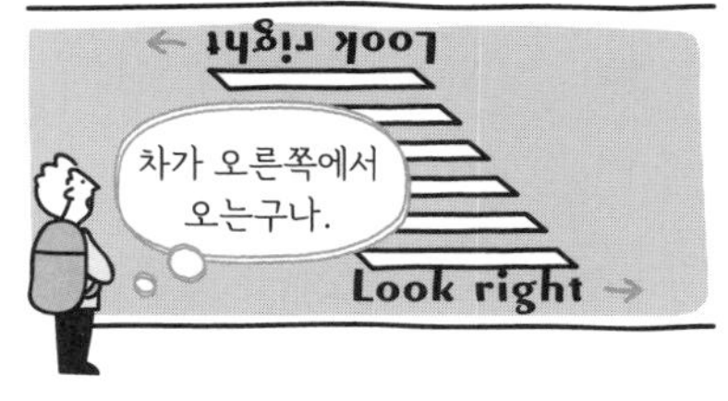

좌측통행 국가 여행자를 위해 횡단보도에 'LOOK RIGHT' 표시

그 결과, 여행자의 교통사고 발생률 감소

슈퍼마켓 설탕 함유 음료 선반에 'HIGH SUGAR' 표시

**그 결과, 건강음료 구매 고객 증가로
비만억제에 일정 효과를 거둠**

실수는 예측 가능한 범위에서 일어난다

당연한 것을, 당연하게 이야기하는 것이 행동경제학입니다.
본성 그대로의 우리 행동을 연구함으로써 예측할 수 있는 실수를 피할 수 있습니다.

행동경제학을 배우는 많은 학생이 '당연한 것을, 당연하게 이야기하는 것 같다'라고 말하곤 합니다. 정말 그렇습니다. 당연한 것, 있는 그대로의 우리 행동을 보편화하고, 납득할 수 있도록 이론화하는 것이 행동경제학의 장점이며, 이를 활용하면 국가 정책의 효과를 높이고, 발생 빈도가 높은 사고율을 낮추는 것도 가능해집니다. 개인의 관점에서는 행동경제학 지식을 알고 있는지에 따라 인생이 크게 달라질 수도 있습니다.

행동경제학은 인생을 변화시킨다?

행동경제학을 배운 사람과 배우지 않은 사람에게는
어떤 차이가 있을까?

지식이 있느냐 없느냐에 의해, 사람의 의사결정은 달라진다. 행동경제학 지식이 있으면 오류나 비합리적인 의사결정을 피할 수 있는 가능성이 커질 것이다.

'대충 어림짐작한다(휴리스틱)', '손해 보기 싫다(손실 회피)', '객관적으로 발생 확률이 낮은 경우에 지나치게 기대를 건다(결정 가중치)' 와 같이 우리는 일정한 패턴에 근거해 상황을 인식하고, 의사결정을 합니다. 결국, 앞서 소개한 행동경제학 이론을 일상의 삶에 적용해 자신의 행동을 점검하다 보면 흔히 저지르는 잘못이나 실수를 개선하고 더욱 만족스러운 의사결정을 할 수 있게 됩니다.

일상의 삶에 적용해 자신의 행동을 점검한다

행동경제학 지식은 생활의 다양한 부분에 활용할 수 있다.

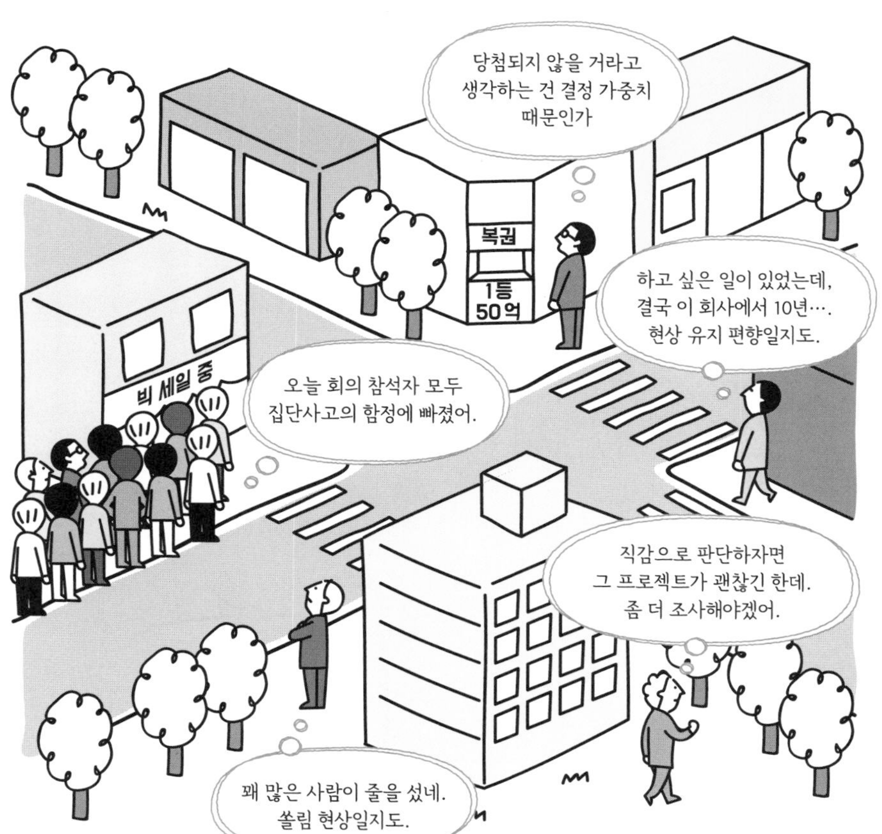

어째서 정치는 개선되지 않는 것인가!

정치는 국민의 공통된 의견이 모여 형성되는 것입니다. 그러나 그 공통된 의견과 개개인의 생각이나 사상이 항상 일치한다고는 할 수 없습니다.

여러 나라에서 넛지를 도입한 다양한 정책을 시행하고 있지만, '정치는 그렇게 쉽게 좋아지지 않는다'고 생각하는 사람도 많을 것입니다. 그도 그럴 것이 세계 각국에서 지금까지 치러진 선거 역사를 훑어보면 의문이 드는 결과들이 적지 않습니다. 그 여파로 사회 전반에 걸쳐 미래에 대한 막연한 불안감이 강해지는 듯합니다. 이런 상황을 해결하기 위해, 새로운 대처를 제시하는 경제 전문가들이 증가하고 있습니다.

투표에 영향을 미치는 심리적 경향

● 경기 호황 등으로 시국이 안정된 상태일 때

현상 유지 편향과 더불어 손실 회피 경향이 국민의 의사결정에 영향을 줄 가능성이 커진다.

선거 기간 동안 우리 투표에 영향을 주기 쉬운 것이 근시안적으로 손실을 회피하려는 심리입니다. 일본은 리먼 사태 이후인 2009년 선거 당시, 자민당에서 민주당으로 정권이 교체되었습니다. '경기 침체를 막지 못한 자민당이 정권을 이어가 봐야 더 빈곤해질 것이다. 차라리 새로운 정당을 선택하자'라며 당면한 곤경에서 벗어나는 것을 우선한 사람들이 많았기 때문입니다.

● 경기 불황 등으로 시국이 불안정한 상태일 때

주가 하락 등 경제 환경이 악화하면 미래에 대한 불안 심리가 높아지고, 유권자들은 지금의 정치를 이어가면 앞날이 더 나빠질지도 모른다는 불안감을 가진다. 거기에는 손실 회피 심리가 작용하게 된다.

장기적이고 객관적으로 생각하라

선거 당시에는 여당과 야당의 정치 공약이 사회에 어떤 효과를 가져올지 확실히 알기는 어렵다. 중요한 것은 어떤 정당의 정책이 장기적으로 사회에 좋은 결과를 가져올지 객관적으로 생각해야 한다.

더 좋은 정책을 목표로

향후, 행동경제학에 기반한 한 유연한 발상으로 정책 현장에 공헌할 수 있는 영역이 점차 확대될 것입니다.

기존 정권이 안정된 시국일 때는 현상 유지, 불안정한 시국일 때는 손실 회피 정책을 추진할 경우, 환경 변화에 대응하는 새로운 대처 방안을 실행해야 한다는 목소리가 사회 전체에 퍼지지 못하고, 이는 기득권의 뿌리 내림으로 이어집니다. 이런 상황을 변화시키기 위해서 다양한 개혁안들이 발의되기도 하지만 기득권층이 제도 개혁이라는 합리적 선택을 피하고자 하는 것도 사실입니다.

기존 정책에 대한 비판

● 정부 정책과 국민 간의 공감대

'국가는 이래야 한다'라는 생각을 바탕으로 다소 높은 수준의 정책을 추진하면 정부 관점에서는 이롭고 합리적 제도라 판단돼도 국민의 공감대를 얻기는 쉽지 않다.

노후 연금이 불안해.

사람들은 국가 재정 악화를 멈추기 위해 복지 예산 삭감이 필요하다는 것을 머리로는 알고 있어도 실제 의료비 등 자기 부담이 늘어나는 것은 싫어한다. 정부가 일방적으로 정책을 추진하면 국민의 지지를 얻기 힘들다.

반대

항의

세출 삭감에 이름

삼대가 지지합니다.

뿔뿔이 흩어짐

이걸로 밥은 먹을 수 있겠네.

기득권층의 특혜 (일본의 경우 거품 붕괴 이후 추진한 공공사업은 일자리를 창출했지만 지지기반의 유지 목적도 있었다.)

이는 근본적이고 고전적인 정치 문제입니다. 이 문제를 어떻게 해결할지에 대한 전문가들의 주장도 다양합니다. 다만, 한 가지 말할 수 있는 것은 넛지식 발상이 문제 해결에 도움이 될 것이라는 점입니다. 길게 보면, 우리는 나름대로 합리적입니다. 그 경향을 기본으로 선택의 자유를 살리는(선택지를 좁혀 심플하게) 것이 가능하다면, 사람들의 행동을 더 이로운 방향으로 이끌 수 있지 않을까요? 그러한 논의가 더욱 활발하게 이루어졌으면 좋겠습니다.

정책에서 넛지 응용 가능성

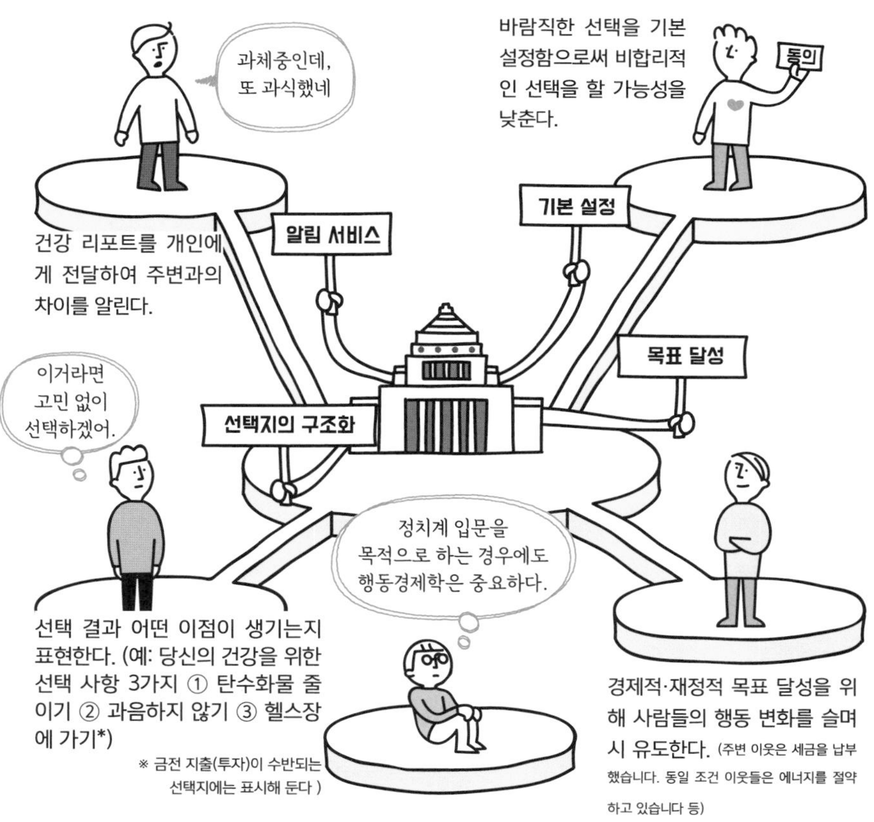

● 넛지 식 발상

넛지식 방법이 효과를 발휘하려면 정부는 국민에게 선택의 자유가 있음을 인정하고, 더욱 좋은 방향으로 유도함으로써 국민이 스트레스 없이 합리적인 선택을 할 수 있도록 해야 한다. 정부가 이러한 생각을 바탕으로 정책을 추진하면 국민의 반발을 피하고 더 좋은 사회를 향한 제도들을 도입할 수 있게 된다.

column

No. 07

행동경제학으로 살기 좋은 사회를 만든다

여러 국가에서 넛지를 필두로 행동경제학 이론을 활용한 정책을 입안·운영하려는 시도가 늘고 있습니다. 세금 부담을 줄이기 위해서는 국민 개인 부담금을 늘려야 한다는 막무가내식 발상으로 정책을 운용한 정부들은 의도한 효과를 거두지 못했습니다. 일본 재정 상황이 그 좋은 예입니다. 일본은 유권자들의 많은 부분을 고령자가 차지하고 있고, 그들의 의견이 정치에 지대한 영향을 주고 있다고 지적당합니다. 정확하다고 할 수 있죠. 하지만 그런 논의를 계속해봐야 어차피 사람은 누구나 나이가 들기 때문에 필시 그 상황은 변하지 않을 것입니다.

결국, 정책 논의에도 새로운 시점, 새로운 발상이 필요합니다. 전통경제학에서 상정한 것처럼 우리는 항상 이기적이진 않습니다. 함께 사는 사회에 보탬이 되는 것에 만족을 느끼는 사람도 많습니다. 그러한 이타적인 심리에 주목한 정책을 논의하는 것이 가치 있는 변화를 끌어 낼 수 있습니다.

chapter

행동경제학의 전망

행동경제학이 어떤 학문인지 알게 되셨는지요?
여러분의 학습과 실천으로 행동경제학은
계속 발전해 갈 것입니다.

우리의 '행동'이 변화를 이끈다

행동경제학은 '실천의 학문'입니다. 행동경제학 이론은 대학 연구실의 밖에서도 하루하루 발전하고 있습니다.

지금, 이 순간에도 행동경제학의 새로운 이론이 발표되고 있습니다. 우리에게 야성적 충동(기업가 정신)과 자기실현 욕구가 있는 한, 기업은 계속해서 새로운 상품과 서비스를 개발함으로써 사회를 변화시킬 것이고, 그 변화는 행동경제학의 발전으로 이어집니다. 이미, 마케팅이나 금융업계에서는 소비자나 투자자의 심리에 주목한 전략을 개발하고 있습니다.

사회는 변화하고 있다

사회 변화를 잘 설명할 수 있는 새로운 이론=행동경제학에 대한 수요도 높아지고 있다.

이러한 실천들이 이론 구축의 토대가 됩니다. 로버트 실러, 리처드 세일러 교수를 비롯한 행동경제학 연구자 상당수는 컨설팅 기업과 투자자문 회사와의 협력을 통해 이론을 실천하고, 실무에서 얻은 경험을 바탕으로 새로운 연구를 진행하고 있습니다. 실천과 연구의 상호작용으로 한층 더 흥미로운 전개가 펼쳐지리라 기대됩니다.

실천이 발전을 가져온다

● 연구와 실무의 연계가 필요

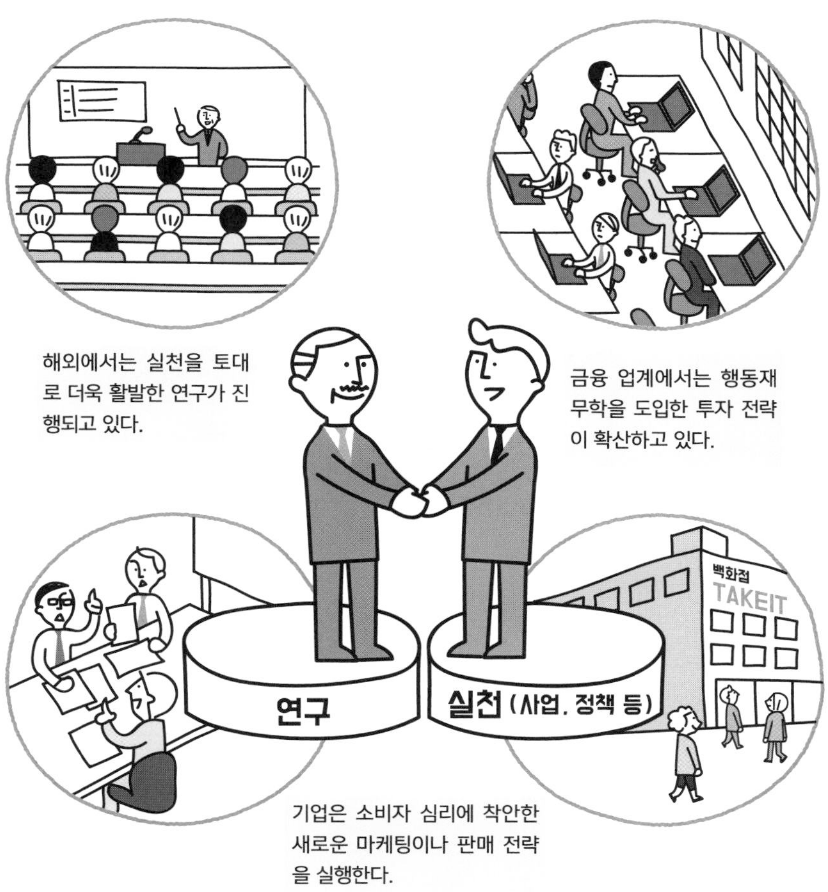

뇌과학과 경제학이 마음에서 만나다

행동경제학과는 별도의 접근 방식으로, 마음을 움직이는 뇌로부터 경제를 이해해 보려는 신경경제학 연구가 진행되고 있습니다.

'마음은 어디에 있을까요'라는 질문을 받았다고 상상해 보세요. 여러분은 어떤 답을 할까요. 심장이라고 생각하는 분들도 있겠지만 마음의 움직임을 지시하는 곳은 '뇌'입니다. 뇌가 어떻게 작동하여 의사결정이 이루어지는지 연구하는 것이 신경경제학(neuroeconomics)입니다. 신경경제학은 대뇌생리학에서 사용되는 기법을 사용하여 경제적 의사결정을 할 때 뇌가 어떻게 기능하는지를 파악하는 학문입니다.

마음은 심장이 아닌 '뇌'에 있다

행동경제학은 심리학을 활용하여 인간의 경제활동을 분석한다. 한편, 뇌의 기능에 주목하여 경제에 관한 의사결정 방법을 연구하는 것이 신경경제학이다.

신경경제학은 뇌의 활동을 관찰하기 위해 기능적 자기공명영상(FMRI Functional Magnetic Resonance Imaging) 등의 의학 장비를 활용하고 있습니다. 이런 기기를 사용해 사람이나 동물의 뇌 활동에 따른 혈류 반응을 시각화합니다. 그리고 도파민 같은 신경전달 물질들의 분비가 어떻게 변화하고, 경제 관련 의사결정이 어떻게 달라지는지를 연구합니다. 신경경제학은 경제학이라고 하기보다 대뇌생리학의 한 분야라고 해야 한다는 견해도 있습니다.

신경경제학이란?

행동경제학은 마음의 움직임에 관찰해 우리의 의사결정을 설명한다. 신경경제학은 마음=뇌 활동에 착안해 우리가 의사결정을 행할 때 뇌가 어떻게 작용하는지 연구하는 경제학의 한 분야이다.

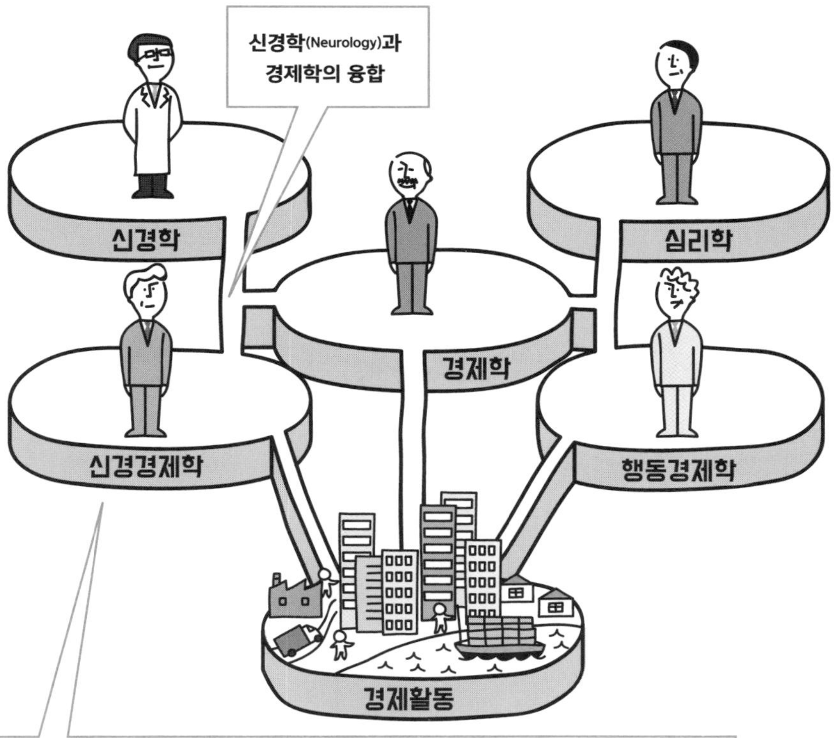

신경경제학은 마음의 움직임을 fMRI(뇌의 활성화 시 활동 부위의 혈류 변화 등을 영상화하는 장치) 등 대뇌생리학에 사용하는 전문 기기를 활용해, 신경학의 관점에서 경제에 관한 우리 행동의 배경, 의사결정의 방법=뇌의 움직임을 연구한다.

다양한 '넛지' 아이디어가 정책을 바꾼다

노벨 경제학상 수상으로 화제가 된 넛지 이론은, 행동경제학에서 정책적인 응용으로 점차 활용되고 있습니다.

사람들에게 선택의 자유를 주면서 강제성 없이 넌지시 팔꿈치로 툭 찌르듯이 더 나은 의사결정을 촉진하는 넛지 방식은 교육, 의료, 복지 등 다방면에서 응용되고 있습니다. 이는 국민 개인의 자유를 존중하면서 정부가 부드러운 개입을 하겠다는 자유주의적 개입주의(libertarian paternalism)를 정책 입안이나 운영에 반영하기 위한 것이라 할 수 있습니다.

자유주의적 개입주의

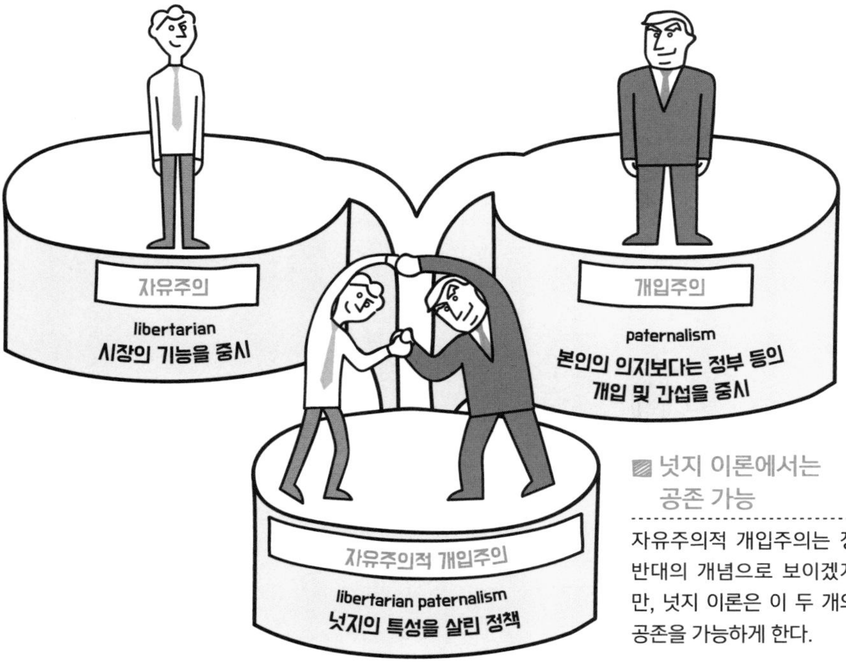

자유주의
libertarian
시장의 기능을 중시

개입주의
paternalism
본인의 의지보다는 정부 등의 개입 및 간섭을 중시

자유주의적 개입주의
libertarian paternalism
넛지의 특성을 살린 정책

넛지 이론에서는 공존 가능

자유주의적 개입주의는 정반대의 개념으로 보이겠지만, 넛지 이론은 이 두 개의 공존을 가능하게 한다.

우리는 통제 욕구를 가지고 있지만 강제 당하면 반발하게 되고 만족이나 이해를 하기 힘듭니다. 건강을 위해 에스컬레이터를 사용을 자제하라고 하면 공분을 사지만, 계단에 피아노 건반을 설치하면 소리에 재미를 느끼기 때문에 이용 빈도수가 늘어날 것입니다. 실제로 스웨덴에서 활용하고 있는 넛지입니다. 일본은 동일본 대지진 피해를 복구하기 위해 '부흥세'라는 명칭으로 세금을 징수합니다. 피해 국민들을 위한 것임을 표현하여 증세에 대한 반발을 피하려는 것이겠지요.

인간은 강제로 하는 것을 싫어하는 존재

세금 부담은 변하지 않지만, '증세'라고 표현하기보다는 '부흥세'라고 하는 편이 협력을 얻기 쉽다.

우리가 항상 이기적인 것은 아니다

우리에게는 확실히 이기적인 면이 있습니다.
하지만 전통경제학이 전제하는 완전한 이기적 존재는 아닙니다.

전통경제학에서는 우리가 합리적일 뿐만 아니라 '이기적'이라고 전제합니다. 하지만 봉사 활동에 적극적인 사람들도 많고, 우리는 항상 이기적이진 않습니다. 취업준비생 중에는 '타인과 사회 공헌'을 중시하는 사람도 많습니다. 이는 우리가 '타인을 위해 도움이 되는 역할을 하고 싶다'라는 '이타성'을 함께 가지고 있다는 것을 확인할 수 있는 좋은 예가 될 것입니다.

인간은 이기적인 존재인가?

영국의 경제학자 앨프리드 마셜(Alfred Marshall)은 경제학자에겐 냉정한 두뇌와 따뜻한 마음(타인을 향한 따뜻한 시선)이 있어야 한다고 강조합니다. 인도 출신으로 노벨 경제학상을 수상한 아마르티아 센(Amartya Kumar Sen)은 '합리적 경제인'을 '합리적으로 어리석은 자'라고 지적합니다. 센은 타인과의 공감, 관계성, 이타성을 포함해서 경제를 생각해야 한다고 강조합니다. 이타성이 경제 활동에 어떤 영향을 미치는지 다양한 논의들이 진행되고 있는 만큼, 확실히 주목받고 있는 요소라고 할 수 있습니다.

이타적인 경제 활동의 예

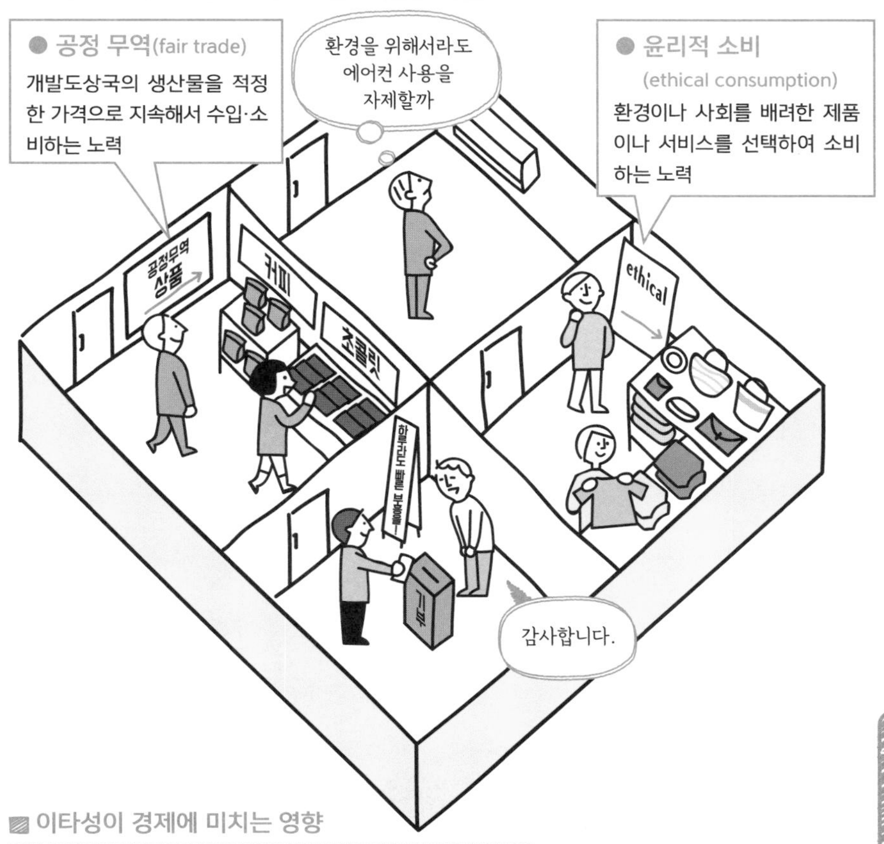

이타성이 경제에 미치는 영향

이타성이 경제에 미치는 영향이 주목받고 있다. 앞서 언급한 공정 무역, 윤리적 소비 등의 노력도 점차 일상화되고 있다.

타인에 대한 배려가 더 나은 사회를 만든다

사회를 보면 사람들이 서로 도우며 살아갑니다. 정책 현장에서도 이타성을 기반으로 한 사회 제도에 대한 관심이 높아지고 있습니다.

전통경제학에서 전제하는 인간은 외적 동기에 영향을 받지 않고, 순전히 자신의 경제적 이익만을 추구하는 합리적인 이미지입니다. 그러나 현실 사회에서는 호모 에코노미쿠스처럼 이기적이기 보다는 타인에 대한 배려와 이타주의에 입각한 한 정책이 이미 진행되고 있습니다. 사회보장이나 세금 제도에는 소득의 재분배란 기능이 담겨 있습니다. 제도를 통해 소득이 많은 사람으로부터 적은 사람에게로 정부가 소득을 재분배함으로써 사회의 복리후생을 높이겠다는 발상은 이기적인 사고와는 다릅니다.

소득 재분배의 흐름

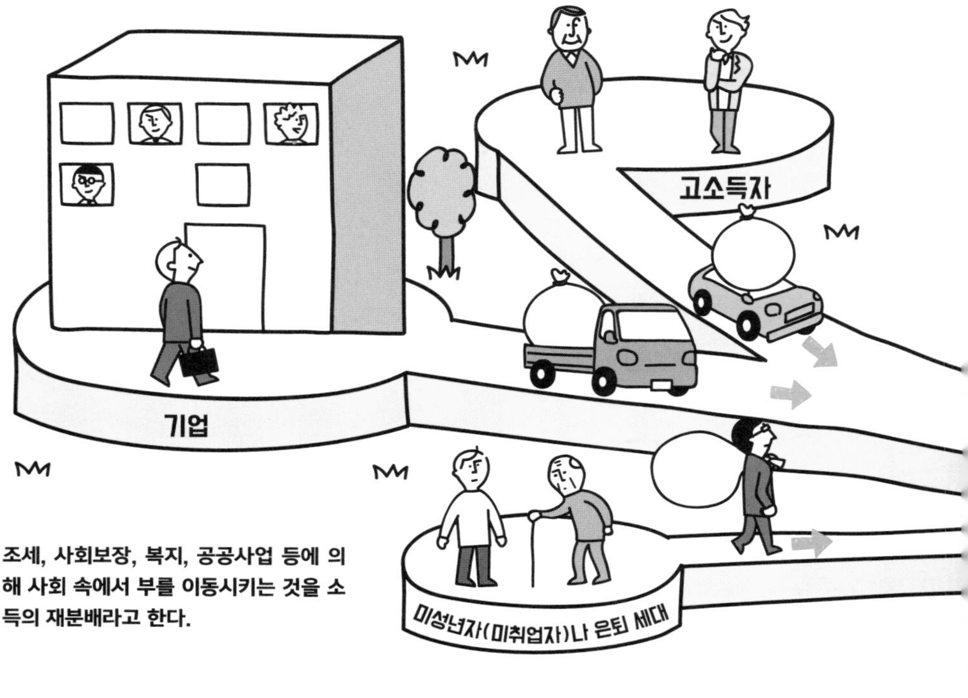

조세, 사회보장, 복지, 공공사업 등에 의해 사회 속에서 부를 이동시키는 것을 소득의 재분배라고 한다.

소득 재분배가 중요한 이유는 사회 전체의 형평성을 유지하기 위함입니다. 만약 우리가 정말로 이기적이라면, 다른 사람을 외면하고 자신의 만족을 높이기 위해 부의 독점을 목표로 하는 사람들이 넘쳐날 것이고, 그런 사회는 여러모로 살기 힘들고 불편할 것입니다. 그렇기 때문에 우리의 이타성에 주목하고 그것을 잘 활용하면, 많은 사람의 삶을 풍요롭게 만들 수 있다고 생각합니다.

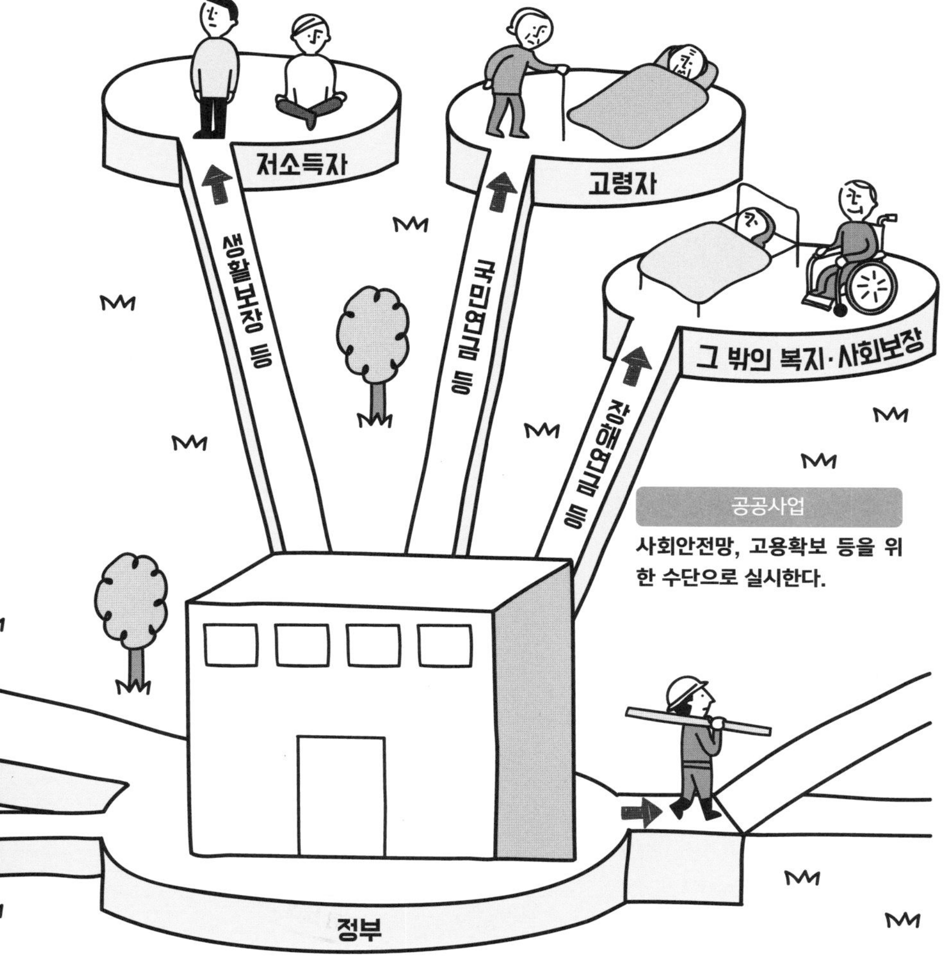

의욕 추구 - 의욕이 있으면 무엇이든 가능하다

경제 성장에는 야성적 충동이 필수적입니다. 부와 성공을 추구하는 인간의 혈기가 더 큰 부가가치를 창출합니다.

따지고 보면 경제성장의 버팀목은 우리의 욕망입니다. 특히, 이익이나 성공, 명성 등을 추구하는 혈기와 야심을 의미하는 야성적 충동(animal spirit)은 성장을 지탱하는 중요한 요소입니다. 리먼 사태 이후의 세계 경제를 돌이켜보면 애플이 탄생시킨 아이폰(iPhone)의 히트가 중요했습니다. 아이폰은 심플하고 아름다운 디자인과 스마트 기능을 고집한 스티브 잡스의 결정체라고 할 수 있습니다.

야성적 충동이란?

야성적 충동은 기업가가 사업을 벌이거나, 투자를 할 때 논리적으로는 설명할 수 없을 정도로 열정적이 되고 혈기왕성해지는 것을 말한다.

야성적 충동이란 원래 케인스가 주창한 말이다. 기업가가 가진 혈기와 야심이 혁신의 원천이 되고, 경제 발전에 중요한 역할을 한다고 했다. 미국 경제학자 조지 애커로프(George Akerlof)와 로버트 실러가 2009년에 발표한 공저 《야성적 충동》도 화제가 되었다.

존 메이너드 케인스
John Maynard Keynes(1883~1946)
20세기 전반을 대표하는 영국의 경제학자. 경제학계에 케인스 혁명이라고 불리는 변혁을 가져왔다.

아이폰의 등장은 여러 가지 서비스 창조로 이어졌습니다. SNS, 동영상 시청 사이트 등 종래에는 없었던 수요가 생겨났고 경제성장으로 연결되었습니다. 이익을 추구하고, 자신의 고집을 실현하고, 동기는 다양합니다만, 야성적 충동을 가진 사람들이 많아지면 여러 분야에서 도전도 늘어날 것입니다. 그것이 많은 사람이 원하는 히트 상품 개발의 중요한 요소가 될 것입니다. 아이폰처럼 히트 상품을 만들어낼 수 있다면 수요도 계속 높아질 것입니다.

아이폰(iPhone)의 충격

8 행동경제학의 전망

행동경제학 연구는 지금도 진행 중

우리가 좀 더 충실한 삶을 살도록 행동경제학은 계속 발전할 것이며, 그것이 행동경제학의 필요성으로 이어질 것입니다.

필자인 저는 행동경제학이 정책과 더욱 밀접해지기를 바라고 있습니다. 우리 사회에는 여러 가지 문제가 있습니다. 저출산, 고령화, 재정 악화, 사회 보장 지속성에 대한 불안 등 너무 많아서 셀 수가 없습니다. 이런 문제가 어제오늘 일이 아님에도 좀처럼 개선되지 않는 것이 현실입니다. 이 상황을 바꾸어 가기 위해 행동경제학 연구가 활발하게 진행되었으면 좋겠습니다.

정책에 반영해, 더 좋은 사회로

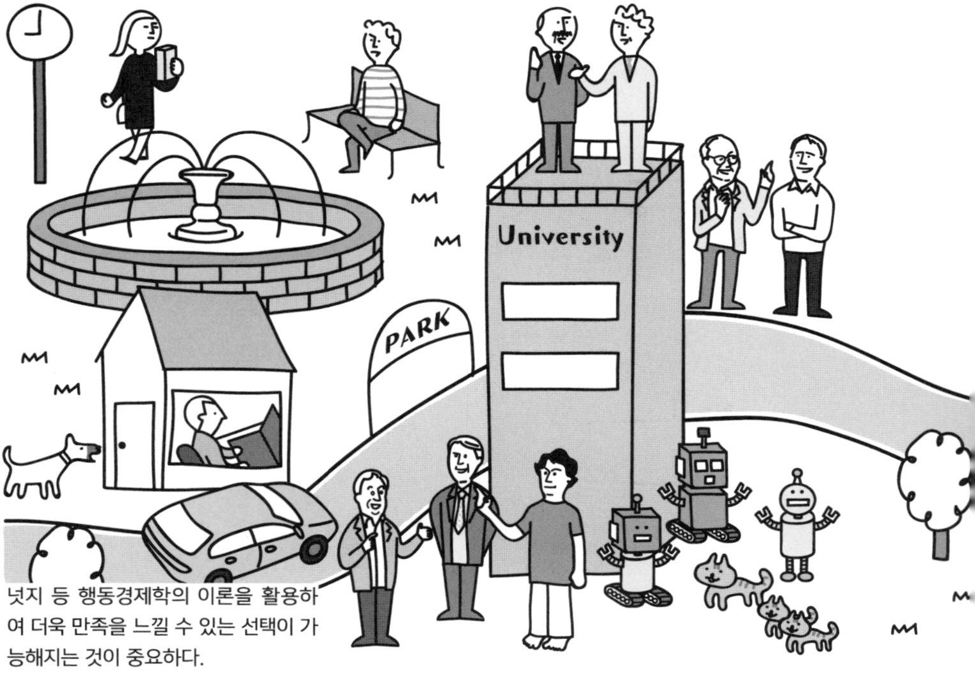

넛지 등 행동경제학의 이론을 활용하여 더욱 만족을 느낄 수 있는 선택이 가능해지는 것이 중요하다.

사회 문제를 해결하기 위해 '외압이 중요', '경쟁 원리가 중요', '세출 삭감', '근로 방식 개혁' 등의 주장들이 있었습니다. 모두 설득력은 있지만 무조건적 개입주의식 발상이 많다고 생각합니다. 더 많은 사람이 거부감 없이 변화를 받아들이고, 더욱 충실한 삶을 추구하도록 정책 측면에서 어떻게 지원할 수 있을까에 대한 활발한 논의가 이루어지기를 기대합니다.

column

행동경제학은 우리 삶을 풍요롭게 한다

향후, 연구자는 물론 정부, 기업 등 여러 방면에서 행동경제학에 대한 기대가 높아질 것입니다. 왜냐하면 행동경제학 이론을 바탕으로 우리 행동이나 사회 변화를 가늠해 보면 '과연 그렇구나'라고 납득이 되는 상황이 많기 때문입니다. 앞으로도 당연한 것을 당연하게 현실에 근거하여 설명할 수 있는 범위가 확대해 갈 것입니다. 이는 우리 삶과 사회 문제에 대한 해결책을 찾기 위해서도 매우 중요합니다.

행동경제학은 우리가 사회를 개선하고 더 나은 환경으로 변화하는데 필요한 뒷받침이 될 가능성이 높습니다. 중요한 것은 오랜 시간 동안 이론을 완성해 온 전통경제학 이론과 비교적 새로운 이론인 행동경제학을 모두 활용해 안정된 경제 환경을 실현하는 것입니다. 그리고 경제 연구 전문가들은 필요에 따라 다른 분야의 이론도 도입하여 더욱 설명력이 있고, 많은 사람이 납득할 수 있는 논리를 만들어가는 노력을 해야 합니다.

행동경제학은 인간 개개인의 의사결정을 설명하고 생활을 투영한 이론이라고 생각합니다. 예를 들어 반올림처럼 우리는 복잡하고 많은 정보를 '단순화'하여 판단하곤 합니다. 사물을 직감적으로, 혹은 어림짐작하여 파악하는 '휴리스틱'의 작용이 없다면 그 모든 행동을 일일이 결정하는 것이 불가능할 것입니다, 결국, 행동경제학을 배우려면 우리가 의사결정을 하는 본성 그대로의 방법에 대해 더 깊이 생각해 보는 것이 최선일 것입니다.

이는 무심코 저지른 실수를 비롯하여 의사결정이 어째서 잘못되었는지 생각하는 것으로 이어집니다. '인지 부조화'라는 말대로 자신의 실패를 받아들이는 것은 큰 스트레스를 가져옵니다. 하지만 그것을 아는 것만으로도 왜 번번이 변명과 핑계를 생각해내는지 각성할 수 있습니다. '실패는 성공의 어머니'라는 명언을 실현하려면, 마음의 움직임을 이해하고, 이를 기반으로 자신의 의사결정 프로세스를 확인해야 합니다. 그럴 수 있다면 더 만족스러운 의사결정을 하고, 삶을 더 풍요롭게 즐길 수 있습니다.

용어 색인

ㄱ

ㄴ

ㄷ

ㄹ

ㅁ

ㅂ

ㅋ

ㅌ

ㅍ

ㅎ

▨ 주요 참고문헌

《최강 파이낸스 이론》 마카베 아키오 저 (고단샤)
《실천! 행동파이낸스 입문》 마카베 아키오 저 (아스키 미디어웍스)
《기초부터 응용까지 알 수 있는 행동경제학 입문》 마카베 아키오 저 (다이아몬드사)
《최신 행동경제학 입문》 마카베 아키오 저 (아사히신문출판)
《세일러 교수의 행동경제학 입문》 리처드 세일러 저 / 시노하라 마사루 역 (다이아몬드사)
《실천 행동경제학—건강, 부, 행복을 향한 총명한 선택》
리처드 세일러, 캐스 선스타인 저 / 엔도 마미 역 (닛케이BP사)
《교활한 거짓말과 속임수의 행동경제학》 댄 애리얼리 저 / 사쿠라이 유우코 역 (하야카와쇼보)
《예상한대로 불합리한 행동경제학을 밝힌다 - 당신이 그것을 선택하는 이유》
댄 애리얼리 저 / 쿠마카이 준코 역 (하야카와쇼보)
《애리얼리 교수의 행동경제학 입문》 댄 애리얼리 저 / NHK 백열교실제작 팀 역 (하야카와쇼보)
《애리얼리 교수의 인생상담실, 행동경제학으로 해결한 100가지 불합리》
댄 애리얼리 저 / 사쿠라이 유우코 역 (하야카와쇼보)
《패스트 & 슬로》 (상·하) 대니얼 카너먼 저 / 무라이 아키코 (하야카와쇼보)

Baba Shiv, Ziv Carmon, Dan Ariely (2005) Placebo Effects of Marketing Actions: Consumers May Get What They Pay For Journal of Marketing Research: November 2005, Vol. 42, No. 4, pp. 383-393.

Ronald E. Milliman (1986) The Influence of Background Music on the Behavior of Restaurant Patrons Journal of Consumer Research, Vol. 13, No. 2 (Sep., 1986), pp. 286-289

Edward H. Chamberlin (1948) An Experimental Imperfect Market The Journal of Political Economy, Vol. 56, No. 2. (Apr., 1948), pp. 95-108.

H. Kent Baker, John R. Nofsinger (2010) Behavioral Finance: Investors, Corporations, and Markets (Robert W. Kolb Series) Wiley

일러스트로 바로 이해하는
가장 쉬운 행동경제학

초판 6쇄 발행 • 2024년 2월 28일

지은이 • 마카베 아키오(真壁昭夫)
옮긴이 • 서희경
펴낸이 • 김순덕
디자인 • 정계수
펴낸곳 • 더퀘스천
출판등록 • 2017년 10월 18일 제2019-000107호
주소 • 경기도 고양시 일산서구 산율길 42번길 13
전화 • 031-721-4248 / 팩스 031-629-6974
메일 • theqbooks@gmail.com

ISBN 979-11-967841-3-3(04320)
ISBN 979-11-967841-2-6(세트)

이 도서의 국립중앙도서관 출판예정도서목록(CIP)은
서지정보유통지원시스템 홈페이지(http://seoji.nl.go.kr)와
국가자료공동목록시스템(http://www.nl.go.kr/kolisnet)에서 이용하실 수 있습니다.
(CIP제어번호: CIP2020020348)